Handbuch der bayerischen Geschichtsvereine

herausgegeben
vom
Verband bayerischer
Geschichtsvereine e. V.

1993

Bayerische Verlagsanstalt Bamberg

Mit Unterstützung der bayerischen Sparkassen

CIP-Titelaufnahme der Deutschen Bibliothek

Handbuch der bayerischen Geschichtsvereine / hrsg. vom Verband Bayerischer Geschichtsvereine e. V. - Bamberg : Bayerische Verl.-Anst., 1993
ISBN 3-87052-404-9
NE: Verband Bayerischer Geschichtsvereine

Satz und Layout: Helga und Paul Schneider
Umschlaggestaltung: Klaus Borowietz
Druck und buchbinderische Verarbeitung: Tagblatt-Druckerei, Haßfurt
Verlag: Bayerische Verlagsanstalt Bamberg

ISBN 3-87052-404-9

INHALT

KARL BOSL ZUM GEDENKEN

Vorwort

Geschichts- und Heimatvereine sind ein unverzichtbarer Bestandteil einer breitgefächerten Geschichtskultur, die neuerdings in den Mittelpunkt historischer und kulturwissenschaftlicher Forschungen gerückt ist[1]. Ohne Frage gehören sie zum "Gesamtbereich von Erinnerungsarbeit im Leben einer Gesellschaft"[2], sind "soziales Erinnerungsorgan"[3]. Da sie ihre Tätigkeit eher unspektakulär und ohne gesuchten Öffentlichkeitsbezug betreiben, liegen über ihre Wirksamkeit und Funktion bisher nur rudimentäre Erkenntnisse vor. Das Hauptinteresse der Historiker galt dem 19. Jahrhundert, so daß wir gerade über die durch König Ludwig I. veranlaßten "Staatsvereine" des Vormärz gut unterrichtet sind[4]. Bei den stadtgeschichtlichen Vereinen der zweiten Gründungswelle seit etwa 1870 führt meist nur noch der regionale oder lokale Zugriff auf Jubiläumsbände und Vereinsarchive weiter. Noch schwieriger stellt sich die Suche bei den Heimatvereinen dar, die im Gefolge der Heimatschutzbewegung seit der Jahrhundertwende gegründet wurden. Völlig unberücksichtigt sind die vielfältigen Neugründungen nach 1945, die aus unterschiedlichsten Anlässen entstanden sind und sich inzwischen ebenfalls etabliert haben[5].

Einen unüberbrückbaren Gegensatz zwischen Heimat- und Geschichtsvereinen, wie ihn Max Spindler 1949 durch sein geradezu dogmatisches Beharren auf Wissenschaftlichkeit formuliert hat[6], wird man heute nicht mehr konstruieren, und auch das Verhältnis zu den Geschichtswerkstätten hat sich spürbar entkrampft und dürfte in absehbarer Zeit zumindest regionalen Kooperationsmöglichkeiten Platz machen. Dennoch bleibt als Faktum, daß die sicher mehr als 300 Vereine in Bayern, die sich mit Regional-, Lokal- und Heimatgeschichte beschäftigen, nicht nur aus unterschiedlichen Wurzeln stammen, sondern daß auch ihre Vermittlungsmethoden, Aktivitätsschwerpunkte, Mitgliederstrukturen und Finanzierungsbedingungen erheblich differieren.

Einige Grundfunktionen allerdings lassen sich trotz der Breite dieses Spektrums festhalten. Zahlreiche historische Vereine sind bis heute Teil der landesgeschichtlichen Forschung, die nicht selten aus dem regionalen Ertrag auch methodischen Nutzen zog. Dem engen Zusammenwirken zwischen den Vereinen und den Einrichtungen der landesgeschichtlichen Forschung, den historischen Kommissionen und Instituten, kommt daher besondere Bedeutung zu. Gleiches gilt für die Institutionen der Denkmalpflege, der Bibliotheks- und Archivverwaltung und des Museumswesens, die heute die Erträge des über Generationen reichenden Sammlerfleißes der Vereine professionell betreuen.

Neben diesen fachbezogenen Aufgaben, die auch in einer schier unüberschaubaren Zahl von Jahrbüchern, Chroniken, Quelleneditionen und anderen heimatgeschichtlichen Publikationen ihren sichtbaren Niederschlag gefunden haben, nehmen andere Funktionen, die von Anfang an Bestandteil des Vereinslebens waren, heute an Bedeutung zu. Seit ihren Gründungstagen waren die Vereine Orte der Geselligkeit, der Begegnung, für die in unserer Gesellschaft ein zunehmender Bedarf besteht: der Begegnung mit dem heimatlichen Raum, mit Menschen, die gemeinsame Interessen und Vorlieben zeigen, der Begegnung aber auch zwischen Laienforschern und Fachhistorikern, zwischen Geschichtsinteressierten, Heimatpflegern, Naturschützern und Freunden von Kunst und Kultur. Wie wenige andere Einrichtungen können sie dazu beitragen, der Zersplitterung und Segmentierung unseres Wissesens entgegenzuwirken. In Zusammenarbeit mit allen, denen Geschichte und Gegenwart ihrer Heimat am Herzen liegt, können und müssen die Vereine zu einer regionalen und lokalen Vernetzung beitragen und damit auch umfassende ganzheitliche Betrachtungsweisen fördern, die für die Erhaltung von Kultur und Natur unverzichtbar sind. Als historisches Gewissen einer Region, alsobbyisten für Geschichtsbewußtsein und Motoren für Geschichtsinteresse waren und sind sie auch nicht unpolitisch, selbst wenn die Tagesaktualität und der Parteienstreit nicht ihr eigentliches Metier sein dürften.

"Historische Vereine haben also", so hat Karl Bosl, der große Landeshistoriker und langjährige Vorsitzende des Verbandes der bayerischen Geschichtsvereine 1966 im ersten Mitteilungsblatt programmatisch geschrieben, "wenn sie sich ihres alten Berufes und Rufes bewußt sind, wenn sie weiter in das Ganze unserer Gesellschaft hineinwirken wollen, wenn sie sich verantwortlich für die Erhaltung unseres Erbes fühlen, nicht nur kulturell bewahrende, sondern eine eminent erzieherische, im allgemeinsten Sinn eine aktuelle politische Aufgabe."[7]

Wissenschaftspflege und Bildungsarbeit sind auch die vordringlichen Ziele des 1906 gegründeten Verbandes bayerischer Geschichtsvereine[8], der sich als Kommunikationszentrum und Interessenvertretung für inzwischen fast 200 Mitgliedsvereine versteht. Das vorliegende Handbuch soll der Kommunikation der Mitglieder untereinander ebenso dienen wie der Information einer an der Kulturarbeit interessierten breiten Öffentlichkeit, es liefert aber auch einen zugegebenermaßen faktenhaft verkürzten Nachweis über Leistungen und Umfang des historischen Vereinswesens in Bayern, den auch Behörden und Politiker zur Kenntnis nehmen werden. Angefragt wurden für das Handbuch, das sich weitgehend am vorzüglichen baden-württembergischen Beispiel orientiert, weit über 300 Vereine, die sich nach eigener Aussage mit Heimat-, Regional- oder Landesgeschichte befassen. Ausgeklammert blieben dabei alle staatlichen und kommunalen Einrichtungen ebenso wie die reinen Brauchtums- und Wandervereine. Museumsvereine sind berücksichtigt, soweit sie sich nachweislich mit historischen Themen befassen. Vollständig verzeichnet sind die Mitgliedsvereine des Verbandes, bei fehlender Rückmeldung allerdings ohne Detailangaben. Alle anderen Vereine fanden Aufnahme in das Handbuch, soweit ihre Rückantworten dem Verband bis zum 30. April 1993 zugingen. Aus dem gesamten Rücklauf ist so eine repräsentative Übersicht entstanden, die selbst für den Insider wertvolle Einsichten bietet. Denn ohne Frage ergeben schon die schlichten Daten und Fakten über Personen, Gründungsdaten, Satzungsschwerpunkte, Mitgliederzahlen, Veranstaltungen und Veröffentlichungen interessante Einzelprofile und zugleich ein beeindruckendes Gesamtbild der bayerischen Vereinslandschaft. Spezielle Angaben zur Beitragshöhe und zu den Finanzierungsformen liegen dem Verband zwar vor, wurden aber im Handbuch bewußt nicht veröffentlicht.

Bei einem Gemeinschaftswerk dieser Art ist der Dank stets besonders begründet. Um die Finanzierung hat sich in hohem Maße der Bayerische Sparkassen- und Giroverband verdient gemacht. Dankbar ist der Verband für Zuschüsse auch dem Bayerischen Staatsministerium für Unterricht und Kultus, Wissenschaft und Kunst und der Bayerischen Volksstiftung. Herzlich zu danken habe ich meinen Mitstreitern im Vorstand, Herrn Wolfgang Schierl und Herrn Dr. Gerhard Rechter für vielfältige Unterstützung, dem Ehepaar Paul und Helga Schneider für die gesamte EDV-Erfassung und Herrn Stephan Heiß für die zuverlässige Erledigung der gesamten Kleinarbeit.

Wenn das Handbuch viele Benutzer findet und zu einem Hilfsmittel für den verbandsinternen Austausch wie für die Belebung der Außenkontakte wird, dann hat sich die Mühe des Sammelns gelohnt.

Dr. Manfred Treml
1. Vorsitzender

1. Klaus Fröhlich / Jörn Rüsen (Hrsg.), Geschichtskultur, Pfaffenweiler 1992
2. Ebd., S. 40
3. Ebd., S. 52
4. Vgl. dazu Manfred Treml, Was sind und wozu braucht man Geschichtsvereine?, in: Mitteilungen des Verbandes bayerischer Geschichtsvereine Nr. 15/1991, S. 5-10
5. Eine Bibliografie der Geschichte der Geschichtsvereine ist ein Desiderat, dessen sich der Verband in nächster Zeit annehmen will.
6. Max Spindler, Zur Lage der Geschichtsvereine, in: Zeitschrift für bayerische Landesgeschichte Bd. 15/1949, S. 262-266
7. Karl Bosl, Die Leistung der historischen Vereine und ihre Bedeutung für die landesgeschichtliche Forschung, in: Mitteilungen des Verbandes bayerischer Geschichtsvereine Nr. 1/1966, S. 12
8. § 2 der Satzung lautet: "Zweck des Verbandes ist der Zusammenschluß der Geschichtsvereine in Bayern, einschließlich der Vereine für Volkskunde und Heimatpflege sowie der landesgeschichtlichen Institute, zur Förderung der bayerischen Geschichte, Landes- und Volkskunde in Wissenschaft und Volksbildung."

Schema der Angaben des Verzeichnisses

1. Vollständiger **Name** des Vereins
2. Satzungsmäßig definierte **Aufgabenstellung**
3. Name und Anschrift des **Geschäftsführers** und - wenn davon abweichend - der **Geschäftsstelle**
4. Name und Anschrift des **1. Vorsitzenden**
5. Name und Anschrift des **2. Vorsitzenden**
6. **Gründungsdatum** des Vereins
7. Datum der aktuellen **Satzung**
8. Zahl der **Mitglieder**/Stichjahr 1991
9. **Veranstaltungen** und sonstige **Aktivitäten** *(Angabe pro Jahr, ggf. mit Kurzbeschreibung):*
   (z.B. Referate, Exkursionen, Ausstellungen, Arbeitskreise, Jugendarbeit etc.)
10. Gibt der Verein eine periodisch erscheinende **Zeitschrift** heraus?
    (Erscheinungsjahr des 1. Bandes und Nummer und Erscheinungsjahr des zuletzt erschienen Bandes)
11. Gibt der Verein eine eigene **Schriftenreihe** heraus?
    (Erscheinungsjahr des 1. Bandes und Nummer und Erscheinungsjahr des zuletzt erschienen Bandes)
12. **Einzelveröffentlichungen**
    (z.B. Einzelartikel oder Serien in Tageszeitungen bzw. in entsprechenden Beilagen)
13. Besitzt und/oder betreut der Verein eigene **Sammlungen**?
    [Archivalien, Bilder, Bücher, sonstige Objekte]
    (Angaben zu Themenbereich, Umfang, öffentliche Zugänglichkeit, Kontaktstelle)
14. Besitzt und/oder betreut der Verein besondere **Einrichtungen**?
    [z.B. Denkmal, Freigelände, Museum, etc.]
15. Welche **Literatur zur Geschichte des Vereins** liegt vor?
    (Verfasser, Titel, Erscheinungsort, Erscheinungsjahr, genaue Fundstelle)

Verzeichnis der Vereine

Aichach

1. **Heimatverein Aichach e. V.**
2. Der Verein fördert die Heimatpflege und die historische Erforschung des Altlandkreises Aichach. Er dient der Volksbildung auf dem Gebiet der Heimatkunde und der sie tragenden Wissenschaften
3. Heimatverein Aichach, Säulingweg 3, 86551 Aichach
4. Prof. Dr. Wilhelm Liebhart, Hohenrieder Weg 20, 85520 Altomünster
5. Studiendirektor Franz Friedl, Hirschtränk 16, 86551 Untermauerbach
6. 30.05.1950
7. 12.12.1988
8. 256
9. Sechs wissenschaftliche Vorträge und mindestens zwei Fahrten u. a. zu Ausstellungen
10. -
11. Geplant ab 1993
12. -
13. Vereinsbibliothek als Leihgabe in der Heimatbücherei des Landkreises Aichach-Friedberg und im Heimatmuseum der Stadt Aichach
14. Heimatmuseum der Stadt Aichach
15. Wilhelm Liebhart, 40 Jahre Heimatverein Aichach, in: Aichacher Heimatblatt 39. Jg. (1991), Nr. 1.

Altötting

1. **Öttinger Heimatbund e. V.**
2. Pflege und Betreuung des Heimatmuseums; Sammlung und Präsentation von Kunstbesitz und Gegenständen von geschichtlicher und volkskundlicher Bedeutung für Lehre und Forschung; Erforschung und Pflege der Heimatgeschichte; Heimatschutz in Natur- und Kunstdenkmälern; Herausgabe von Veröffentlichungen über Heimatgeschichte; Veranstaltung von Vorträgen, Führungen, Lehrgängen und Ausstellungen über Heimatgeschichte, insbesondere auch für die Jugend; Fühlungnahme mit dem gegenwärtigen kulturellen Leben der Heimat und Einwirkung auf seine Gestaltung
3. -
4. Dr. Helmut Lickleder, Dr.-Hiemer-Str. 4, 84503 Altötting

5. Dr. Dr. Bauer, 84503 Altötting, Kapellplatz
6. 1955
7. 1991
8. Ca. 80
9. Ca. 3 Vortragsveranstaltungen
10. -
11. -
12. -
13. -
14. -
15. -

Alzenau

1. **Arbeitsgemeinschaft für Heimatforschung und Heimatpflege Kahlgrund e. V.**
2. Weckung und Pflege des Verständnisses für Geschichte, Volkstum, Brauchtum und Kunst; Förderung der Erforschung von Geschichte, Volkstum, Brauchtum und Kunst; Unterstützung wissenschaftlicher Arbeit; Bewahrung geschichtlicher, künstlerischer und kultureller Denkmäler aller Art vor Untergang, Verschleuderung, Verunstaltung und Abwanderung; Aufzeichnen zeitgeschichtlich bedeutsamer Ereignisse
3. Walter Scharwies, Schwedenstr. 7, 63755 Alzenau
4. Helmut Winter, Vinzenz-Rüfner-Str. 5, 63791 Karlstein
5. Dr. Karl Lautenschläger, Yorckstr., 63739 Aschaffenburg
6. 1954
7. 13.03.1981
8. 39
9. Eine Studienfahrt: 2 Arbeitskreise; fallweise Ausstellungen
10. -
11. Heimatjahrbuch "Unser Kahlgrund", Jg. 1, 1956 - Jg. 38, 1993
12. -
13. -
14. -
15. -

Alzenau

1. **Arbeitskreis Burgruinen im Kahlgrund**
2. Erhalt historischer Wehrbauten im Kahlgund
3. Werner Kempf, Märkerstr. 27, 63755 Alzenau
4. -
5. -
6. März 1990
7. -
8. -
9. Sicherung der Burgruine Hüttelngesäß; 3-4 Wochenendeinsätze; am ersten Sonntag im September öffentliche Veranstaltung in der Ruine
10. -
11. -
12. -
13. -
14. Ruine Wasserlos (30 m langes Gewölbe); Ruine Hüttelngesäß
15. -

Alzenau

1. **Heimat- und Geschichtsverein Alzenau e. V.**
2. Förderung von Interesse für die vorgeschichtliche und geschichtliche Entwicklung der Heimat, der Erforschung der Heimatgeschichte und Vorgeschichte, der Erhaltung und Renovierung von Geschichts-, Kunst- und Kulturdenkmälern
3. Werner Kempf, Märkerstr. 27, 63755 Alzenau
   Schriftführung: Stadtarchiv Alzenau, Hanauer Str., 63755 Alzenau
4. Werner Kempf, Märkerstr. 27, 63755 Alzenau
5. Michael Antoni, Kolpingstr. 25, 63755 Alzenau
6. Dezember 1978
7. 13.09.1989
8. 91
9. -
10. -
11. Alzenauer Geschichtsnotizen, Nr. 1, 1981 - Nr. 3, 1986
12. -
13. -
14. Michelbacher Schlößchen, Schelrißburggewölbe in Wasserlos
15. -

Amberg

1. **Historischer Verein für Oberpfalz und Regensburg - Ortsgruppe Amberg**
2.
3. Otto Schmidt, Seb.-Kneipp-Str. 118, 92224 Amberg
4. Wie 3.
5. Dr. Johannes Laschinger, Landrichterstr. 10, 92224 Amberg
6. 1830, Gruppe Amberg seit ca. 1890
7. 01.05.1973
8. 116
9. 9 bis 10 Referate und eine Vereinsfahrt der Amberger Gruppe; dazu kommen mindestens 5 Exkursionen gemeinsam mit der unserer Gruppe angeschlossenen Arbeitsgemeinschaft "Heimatkundlicher Arbeitskreis Amberg/Sulzbach" und einige weitere Veranstaltungen dieses Arbeitskreises
10. Der Eisengau, Bd. 1 (1992)
11. -
12. -
13. -
14. -
15. -

Anger

1. **Heimatkundlicher Arbeitskreis Anger**
2. Forschung, Archivierung und Öffentlichkeitsarbeit
3. -
4. Josef Hinterstoißer, Postfach 38, 83452 Anger
5. Hans Streibl, Holzhauser Straße 24, 83452 Anger
6. 1955
7. 19.02.1993
8. 30
9. 2 Referate, 2 Exkursionen, eine Ausstellung
10. -
11. -
12. -
13. -
14. -
15. -

Ansbach

1. **Frankenbund, Gruppe Ansbach**
2. Bewußtmachen der kulturellen Werte in Franken; Verbreitung der Ergebnisse der Forschung auf dem Gebiet der Landes- und Volkskunde, der Kunst und Geschichte
3. Frankenbund - Bundesleitung und Geschäftsstelle, Hofstr. 3, 97070 Würzburg
4. Bezirksheimatpfleger Dr. Kurt Töpner, Karolinenstr. 8, 91522 Ansbach
5. Edmund Zöller, Eichendorffstr. 26, 91522 Ansbach
6. Dez. 1959
7. 07.05.1988
8. 240
9. Ca. 6-8 Exkursionen durch die fränkische Heimat
10. -
11. -
12. -
13. -
14. -
15. -

Ansbach

1. **Heimatverein Ansbach e. V.**
2. Pflege des Heimatgedankens; Förderung der Heimatpflege und Heimatkunde; Durchführung von Veranstaltungen, die dem Ansehen der Stadt Ansbach, den kulturellen Bedürfnissen und dem Fremdenverkehr dienen
3. Rathaus, Postfach 1741, 91522 Ansbach
4. Dr. Ernst-Günther Zumach, Charlottenstr. 20, 91522 Ansbach
5. Siegfried Blank
6. 1950
7. 26.03.1975
8. 403
9. Auftritte in historischen Kostümen; Tänze; Spielmannszug; regelmäßige Übungsabende
10. -
11. -
12. -

13. Zeitungsausschnitt- und Fotosammlung
14. -
15. -

Ansbach

1. **Historischer Verein für Mittelfranken e. V.**
2. Erforschung und Darstellung der Geschichte des mittelfränkischen Raumes unter besonderer Berücksichtigung des Gebietes des ehemaligen Fürstentums Brandenburg-Ansbach. Pflege des überlieferten Kulturguts. Bewahrung historisch, künstlerisch und kulturgeschichtlich wertvoller Dokumente und Denkmäler vor Untergang, Verunstaltung und Abwanderung
3. Regierungsamtmann Oskar Geidner, Regierung von Mittelfranken, Schloß, 91522 Ansbach
   Geschäftsstelle: Staatliche Bibliothek am Schloß, 91522 Ansbach
4. Regierungspräsident Heinrich von Mosch, Regierung von Mittelfranken, Schloß, 91522 Ansbach
5. Ltd. Archivdirektor a. D. Dr. Günther Schuhmann, Kressenstr. 16, 90419 Nürnberg 90
6. 01.01.1830
7. 1982
8. 564
9. Vorträge, Exkursionen, Studienreisen, Ausstellungen, Archäologischer Arbeitskreis.
10. 1. Jahresbericht 1830 (Jahresbericht bis 1954, dann Jahrbuch); 95. Jahrbuch 1990/91
11. Mittelfränkische Studien (Fotodruckreihe), 1. Bd. 1974 - 8. Bd. 1990
12. Einige Einzelschriften seit 1936 (z.B. Romanische Krypta von St. Gumbertus in Ansbach, Der Bayerische Landrat 1829-1848).
13. Archivaliensammlung, Depot im Staatsarchiv Nürnberg; Bücher in der Staatlichen Bibliothek Ansbach; Museale Objekte im Markgrafenmuseum Ansbach
14. Markgrafenmuseum Ansbach, gemeinsam mit Stadt Ansbach
15. Rudolf Endres, Mittelfranken und sein Historischer Verein. Festvortrag zum 150jährigen Vereinsjubiläum am 18. Okt. 1980, in: 89. Jahrbuch des Historischen Vereins für Mittelfranken 1977/1981, S. 1-16 (dort weitere ältere Lit.); Gerhard Rechter, Historischer Verein für Mittelfranken, in: Mitteilungen des Verbandes Bayer. Geschichtsvereine Nr. 15, 1991, S. 42-45.

Arnstein

1. **Arnsteiner Heimatkundeverein e. V., Arnstein**
2. Der Verein hat den Zweck, fränkische Geschichte, Kunst und Brauchtum der Öffentlichkeit nahezubringen. Er will, ausgehend von Vergangenheit und Gegenwart der Stadt Arnstein, ihrer Ortsteile und des nahen Umlandes, Interesse und Verständnis für Probleme und Angelegenheiten der Geschichtsforschung, der Erhaltung des baulichen und kulturellen Erbes und der Fortführung des Brauchtums wecken und fördern
3. Oswald Schoenen, Marktstr. 11, 97450 Arnstein
4. Günther Liepert, Postfach 8, 97450 Arnstein
5. Rosa Steinheuer, Gut Faustenbach, 97450 Arnstein
6. 09.05.1990
7. 09.05.1990
8. 66
9. Herausgabe eines Jahrbuches, Brauchtumsausstellungen, Exkursionen in die nähere Umgebung. Arbeitskreise: Jugend, Veröffentlichungen, Brauchtum, Veranstaltungen, Jugend, Dokumentation, Erhaltung des Ortsbildes und der Synagoge
10. Jahrbuch: Bd. 1 (1990) - Bd. 3 (1992)
11. -
12. -
13. Im Aufbau
14. -
15. -

Arzberg

1. **Fichtelgebirgsverein e. V., Ortsgruppe Arzberg**
2. Zweck des Vereins ist es, die Liebe zur Heimat und das Verständnis für die Eigentümlichkeiten des Fichtelgebirges und seiner Bewohner zu wecken, Heimatkunde und Brauchtum zu pflegen, das Wandern zu fördern und die Natur vor störenden Eingriffen zu schützen, um sie den Menschen zur Erholung, Erbauung und Kraftsammlung zu erhalten
3. Karl Tröger, Marktplatz 5, 95659 Arzberg
4. Wie 3.
5. Franz Liebl, Bunzlauer Str. 11, 95659 Arzberg
6. 1904
7. 26.09.1980

8. 700
9. -
10. -
11. -
12. -
13. Volkskundliche Gerätesammlung, dem Zweckverband Volkskundliches Gerätemuseum zur Verfügung gestellt
14. Waldenfelswarte auf dem Kohlberg
15. -

Aschau im Chiemgau

1. **Heimat- und Geschichtsverein Aschau im Chiemgau e. V.**
2. Erforschung, Darstellung und Förderung der Geschichte und Bedeutung der ehemaligen Herrschaft Hohenaschau
3. Wolfgang Bude, Kurverwaltung Aschau i. Ch., Kampenwandstr. 38, 83229 Aschau i. Ch.
4. Dr. Hans Stocker, Feuerhausstr. 4, 83229 Aschau i. Ch.
5. Wolfang Bude, Sonnwendstr. 15, 83229 Aschau i. Ch.
6. 1984
7. 1984, modifiziert 1992
8. 430
9. Monatliche Stammtische (Referate, Besichtigungsfahrten, Arbeitskreise)
10. -
11. 1987 Nr. 1, 1991 Nr. 3
12. -
13. -
14. Prientalmuseum auf Schloß Hohenaschau
15. -

Aschfeld

1. **Heimatverein "Frohsinn" Aschfeld e. V.**
2. Verschönerung des Dorfes Aschfeld. Erhaltung und Renovierung von Kulturdenkmälern wie Bildstöcken, der Kirchenburg und dem alten Gemeindebackofen. Verständnis für kulturelle Zusammenhänge wecken
3. Albin Rüth, Aschfelder Str. 81, 97776 Eussenheim-Aschfeld

4. Wie 3.
5. Robert Lamprecht, Aschfelder Str. 24, 97776 Eussenheim-Aschfeld
6. 20.08.1899
7. 11.01.1992
8. 94
9. Alle 2 bis 3 Jahre eine Baumaßnahme zur Erhaltung oder Renovierung von Denkmälern (meistens Bildstöcke) oder auch Errichtung eines völlig neuen Bildstockes. Jährlich ein bis zwei Exkursionen
10. -
11. -
12. -
13. Gerätschaften und Handwerkzeug, nebst alten Büchern und Fotografien aus früheren Zeiten in der Kirchburg Aschfeld
14. Betreuung der Kirchenburg Aschfeld, von 24 Bildstöcken und Feldkreuzen sowie eines alten Gemeindebackofens und Pflege der Umgebung
15. Hans Beier, Aschfeld - Aus der Geschichte eines Dorfes, 1981

Aschheim

1. **Geschichtlich-heimatkundliche Sammlung Aschheim**
2. Ohne Satzung
3. Rainhard Riepertinger, Historiker, Münchner Str. 8, 85609 Aschheim
4. Träger: Gemeinde Aschheim, 1. Bürgermeister Helmut J. Englmann, Ismaninger Str. 8, 85609 Aschheim
5. -
6. 1984
7. -
8. -
9. Referate, Sonderausstellungen
10. -
11. -
12. Einzelartikel im Ortsnachrichtenblatt sowie der Tagespresse
13. -
14. Museum zur Ortsgeschichte Aschheim
15. -

Augsburg

1. **Heimatverein für den Landkreis Augsburg e. V.**
2. Förderung der Heimatpflege und Heimatforschung im Landkreis Augsburg
3. Heimatverein für den Landkreis Augsburg e. V., Prinzregentenplatz 4, 86150 Augsburg
4. Kreisheimatpfleger Prof. Dr. Walter Pötzl, Breslauer Straße 29, 86356 Neusäß
5. Stellv. Landrat Fritz Hölzl, Gartenstraße 1, 86672 Thierhaupten
6. 1949
7. 28.02.1985
8. Ca. 350
9. Seminarreihe "Geschichte im Landkreis Augsburg" (seit 1985); Exkursionen; Verschiedene feste Arbeitskreise
10. Jahresberichte: 1 (1949) - 22 (1989/90) (erschienen 1992)
11. Beiträge zur Heimatkunde des Landkreises Augsburg, 1. Bd., 1959 - 11. Bd., 1991
12. -
13. -
14. Bauernmuseum Oberschönenfeld
15. -

Augsburg

1. **Historischer Verein für Schwaben**
2. Erforschung der Geschichte Augsburgs und Bayerisch-Schwabens und Veröffentlichung der Ergebnisse; Pflege von Kulturwerten und Denkmalpflege
3. Rainer A. Frank, Heilig-Kreuz-Str. 4, 86152 Augsburg
   Geschäftsstelle: Schaezlerstr. 25, 86152 Augsburg (Staats- und Stadtbibliothek)
4. Dr. Wolfram Baer, Archivdirektor, Stadtarchiv Augsburg, Fuggerstr. 12, 86150 Augsburg
5. Dr. Helmut Gier, Bibliotheksdirektor, Staats- und Stadtbibliothek Augsburg, Schaezlerstr. 25, 86152 Augsburg
6. 11.09.1834
7. 28.02.1969
8. 710
9. 7 bis 10 Veranstaltungen: 4 bis 7 Vorträge, 2 Exkursionen (Tagesfahrten), Ausstellungsbesuche
10. 1835 bis 1872: 36 Jahresberichte mit Aufsätzen in 25 Folgen, Zeitschrift des Historischen Vereins für Schwaben 1 (1874) - 85 (1992)

11. Schwäbische Geschichtsquellen und Forschungen, Bd. 1, 1919 - Bd. 15, 1986
12. Bayerische Staatszeitung, Nr. 47/1991 vom 22.11.1991, S. 3
13. Archivaliensammlung, frühere vereinseigene Sammlungen (vor- und frühgeschichtliche Funde, römische Steindenkmäler, kulturgeschichtliche Gegenstände, Bibliothek) sind als Dauerleihgaben den Kunstsammlungen der Stadt Augsburg überlassen worden
14. Bergfried-Ruine der ehemaligen Burg Wolfsberg (12. Jahrhundert) bei Steinekirch (Markt Zusmarshausen, Landkreis Augsburg)
15. Eduard Gebele, 100 Jahre Historischer Verein, in: Zeitschrift des Historischen Vereins für Schwaben, S. 9-64; Rainer Frank, 150 Jahre Historischer Verein für Schwaben, in: Augsburger Blätter, 1984, S. 143-159; Josef Bellot und Walter Grabert, Vorgeschichte und Gründung des Vereins, Sonderbd. 1984

Augsburg

1. **Verein für Augsburger Bistumsgeschichte e. V.**
2. Erforschung der Augsburger Bistumsgeschichte, Förderung von bistumsgeschichtlichen Arbeiten, Sorge um bistumsgeschichtliche Monumente und Dokumente; Herausgabe eines Jahrbuches
3. Verein für Augsburger Bistumsgeschichte, Fronhof 4, 86152 Augsburg
4. Prof. Dr. Peter Rummel, Hackenbergstr. 1, 89407 Dillingen
5. Dr. Theodor Wohnhaas, Hermannstädter Str. 20, 90480 Nürnberg
6. 01.12.1965
7. 09.11.1991
8. 1066
9. Jahresversammlung; Vorstandssitzungen; Exkursion; Besuch von Ausstellungen
10. -
11. Jahrbuch des Vereins für Bistumsgeschichte 1, 1967-25, 1991; 3 Registerbände 1967-1991
12. -
13. -
14. -
15. P. Rummel, 25 Jahre Verein für Augsburger Bistumgsgeschichte, in: 24. Jahrbuch des Vereins für Augsburger Bistumsgeschichte 1990, S. 11-22

Bad Aibling

1. **Historischer Verein für Bad Aibling und Umgebung**
2. Erforschung der Heimat, Verbreitung der Heimatkunde und Förderung der Heimatpflege
3. Josef Riedl, Frühlingstr. 34, 83043 Bad Aibling
4. Wie 3.
5. Hans Riedmayer, Bahnhofstr. 19, 83043 Bad Aibling
6. 1911
7. 25.09.1959
8. 180
9. Je ein bis zwei Referate und Exkursionen
10. Mangfallgau 1 (1959) - 19 (1990)
11. -
12. -
13. Quellen- und Literatursammlung
14. Heimatmuseum und ein Denkmal in Türham, Bad Aibling
15. -

Bad Birnbach

1. **Heimatkundekreis Bad Birnbach**
2. Für den Heimatkundekreis existiert keine Satzung, nur allgemeine Aufgabenbeschreibung
3. Ein Geschäftsführer ist noch nicht bestellt worden; anfallende Aufgaben nimmt der Vorsitzende wahr
4. Josef Putz, Ledererstr. 1, 84364 Bad Birnbach
5. -
6. 17.10.1988
7. -
8. 14
9. Viertelährliche Zusammenkunft mit Referaten zu heimatkundlichen Themen - eintägige Ausstellungen zur Ortsgeschichte im Rahmen des Bad Birnbacher Christkindlmarktes
10. "Bad Birnbacher Heimatheft - Heimatkundliche Informationsschrift für Bad Birnbach und das Umland", Bd. 1 (1991) - Bd. 2 (1992)
11. -
12. -
13. -

14. -
15. -

Bad Königshofen im Grabfeld

1. **Verein für Heimatgeschichte im Grabfeld e. V.**
2. Pflege der Heimatgeschichte im Grabfeld; Förderung der in Bad Königshofen im Grabfeld bestehenden Museen
3. -
4. Hanns Friedrich, Adam-Pfeuffer-Str. 56, 97631 Bad Königshofen im Grabfeld
5. Reinhold Albert, Schloßstr. 42, 97528 Sulzdorf an der Lederhecke
6. 29.04.1978
7. 28.06.1988
8. 155
9. Führungen durch das Vorgeschichtsmuseum in Bad Königshofen; museumspädagogische Arbeit, insbesondere mit Schulklassen durch das museumspädagogische Zentrum; Veranstaltungen im Jahre 1993 anläßlich des 300-jährigen Jubiläums der "Schranne"; jährlicher Schülerwettbewerb; 1993 Töpferarbeiten; Vortragsabende
10. -
11. Schriftenreihe des Vereins für Heimatgeschichte im Grabfeld, Bd. 1, 1989 - Bd. 4, 1992
12. Regelmäßige heimatkundliche Beilage "Am Kornstein" in der Tageszeitung "Bote vom Grabfeld"
13. Einzelobjekte aus dem früheren Grabfeldmuseum (nicht öffentlich zugänglich)
14. -
15. -

Bad Windsheim

1. **Verein Alt-Windsheim e. V.**
2. Förderung von Wissenschaft und Forschung, Bildung und Erziehung, Kunst und Kultur, Landschafts- und Denkmalschutz; Erforschung der Stadtgeschichte; Pflege der örtlichen Kultur; Betrieb und weiterer Ausbau des Reichsstadtmuseums im Ochsenhof; Eintreten für die historische Architektur in Bad Windsheim und Umgebung
3. Jan K. Kube, Altes Schloß, 91484 Sugenheim

4. Wie 3.
5. Georg Trummer, Walkmühlweg 13, 91438 Bad Windsheim
6. 29.09.1930
7. 24.03.1982
8. 212
9. 3-4 Fachvorträge, eine Ganztages-Kunstfahrt, 3 Nachmittags-Kunstfahrten unter dem Motto "Besuch beim Nachbarn", jährlich eine Sonderausstellung im Reichsstadtmuseum im Ochsenhof; Beratung in Denkmalsschutzfragen im Bereich der historischen Altstadt Bad Windsheim
10. -
11. -
12. -
13. Bestand des Reichsstadtmuseums im Ochsenhof, zusätzlich zwei Magazine mit eingelagerten Objekten; Gegenstände des täglichen Lebens aus dem 16. bis 20. Jahrhunderts sowie vorgeschichtliche Objekte (Gesamtbestand ca. 3500 Stücke)
14. Betreuung des Reichsstadtmuseums im Ochsenhof in Bad Windsheim
15. -

Bamberg

1. **Historischer Verein Bamberg (für die Pflege der Geschichte des ehemaligen Fürstbistums) e. V.**
2. Pflege der Geschichte des ehemaligen Hochstifts (Fürstbistums) Bamberg und seiner Grenzgebiete. Der Aufgabenbereich des Vereins erstreckt sich auch auf Vorgeschichte, Denkmalpflege, Volkskunde und Familiengeschichte dieses Gebietes
3. Historischer Verein Bamberg e. V., Untere Sandstraße 30a, 96049 Bamberg
4. Prof. Dr. Gerd Zimmermann, Untere Sandstraße 30a, 96049 Bamberg
5. Dr. Franz Bittner, Babenbergerring 28, 96049 Bamberg
6. 08.07.1830
7. 15.02.1991
8. 1000
9. Winterhalbjahr: Vorträge. Sommerhalbjahr: Exkursionen - Prähistorischer Arbeitskreis - Beteiligung an Ausstellungen mit Leihgaben. Eigene Ausstellung zusammen mit kulturellen Institutionen, Staatsbibliothek, Stadtarchiv, Historisches Museum u. a.
10. Jährlicher "Bericht" (Jahrbuch). 1. Nummer 1834 - 128. Bericht 1992
11. Schriftenreihe "Beihefte". 1. Beiheft 1953 - 30. Beiheft 1993; ältere Reihen wurden nach wenigen Exemplaren eingestellt
12. -

13. Sammlungen: Archivalien, betreut durch Stadtarchiv Bamberg; Bibliothek, Handschriften und Graphische Sammlung, betreut durch Staatsbibliothek Bamberg; Kunstsammlungen, Münzsammlung und Prähistorische Sammlung, betreut durch das Historische Museum Bamberg
14. -
15. A. Dürrwächter, Wege und Ziele des Hist. Vereins Bamberg, 1907. F. Leist, Festrede gehalten bei der Feier des goldenen Jubiläums des Hist. Vereins Bamberg, in: Bericht des Hist. Vereins für die Pflege der Geschichte des ehemaligen Fürstbistums Bamberg e. V., 50 (1888). O. Meyer, Zur Geschichte der Satzung des Hist. Vereins Bamberg, in: ebenda 92 (1952/53). 150 Jahre Hist. Verein Bamberg, in: ebenda 116 (1980), S. 6 ff. O. Meyer, Wirken für die Geschichte, in: ebenda 117 (1981)

Bayreuth

1. **Historischer Verein für Oberfranken e. V.**
2. Die Geschichte Oberfrankens wissenschaftlich erforschen, das Interesse der Bevölkerung dafür wecken und fördern, das überlieferte Kulturgut pflegen und Personen und Institutionen zusammenführen, die sich mit der Geschichte Oberfrankens befassen
3. Norbert Hübsch, Kirchweg 5, 95500 Heinersreuth
   Geschäftsstelle: Ludwigstr. 21, 95444 Bayreuth
4. Wolfgang Winkler, Laitscher Weg 12, 95502 Himmelkron
5. Franz Fischer, Hundingstr. 23b, 95445 Bayreuth
6. 31.03.1827
7. Mai 1987
8. 760
9. Jährlich ca. 15 Vorträge und ca. 6 Ganz- und Halbtagsexkursionen; Videofilmvorführungen, Seminare; kleine Ausstellung von Sammlungsbeständen im Rathaus Bayreuth; Arbeitskreise für Vor- und Frühgeschichte, Numismatik und Altstraßen in Vorbereitung
10. Archiv für Geschichte von Oberfranken (1828 "Archiv für bayreuthische Geschichte und Alterthumskunde"), 1 (1828) - 72 (1992)
11. -
12. -
13. Bibliothek, der Zentralbibliothek der Universität Bayreuth angegliedert; Archivaliensammlung im Stadtarchiv Bayreuth; Graphische Sammlung im Stadtmuseum Bayreuth; Münzsammlung

14. Die vor- und frühgeschichtliche Sammlung des Vereins wird derzeit als Archäologisches Museum neu eingerichtet. Das Archäologische Museum des Vereins befindet sich im italienischen Bau des Neuen Schlosses in Bayreuth
15. Eva Kunzmann, Zur Geschichte des Historischen Vereins für Oberfranken, in: Archiv für Geschichte von Oberfranken 51 (1971)

Berchtesgaden

1. **Verein für Heimatkunde des Berchtesgadener Landes e.V.**
2. Pflege und Förderung der Heimatkunde, Veranstaltung von Vorträgen und Führungen heimatkundlicher Art sowie Schutz, Erhaltung und gegebenenfalls Erwerb von historisch wertvollen Gegenständen
3. Hellmut Schöner, Salzburger Straße 18, 83471 Berchtesgaden
4. Alfred Spiegel-Schmidt, Nonntal 12, 83471 Berchtesgaden
5. Helmut Schöner, Salzburger Straße 18, 83471 Berchtesgaden
6. 26.11.1962 als Fortsetzung des am 26.02.1896 gegründeten und in den dreißiger Jahren eingeschlafenen "Vereins für Geschichtskunde des Berchtesgadener Landes"
7. 26.11.1962
8. 178
9. Regelmäßige Führungen in Berchtesgaden
10. -
11. Berchtesgadener Schriftenreihe, Nr. 1 (1966) - Nr. 21 (1989)
12. Berchtesgaden im Wandel der Zeit, 1982 mit 607 Abbildungen
13. Bilder- und Büchersammlung
14. -
15. -

Bessenbach

1. **Geschichts- und Kunstverein Bessenbach e. V.**
2. Heimatforschung und Kunstpflege in der Gemeinde Bessenbach, u. a. Veranstaltung von Vorträgen, Führungen, Besichtigungen und Ausstellungen, Veröffentlichungen von heimatkundlichen Beiträgen, Herausgabe von Bildreproduktionen
3. Reinhold Brehm, Ignaz-Klug-Str. 22, 63856 Bessenbach
4. Wie 3.

5. Gerhard Höglinger, Blütenstr. 6, 63856 Bessenbach
Ruth Hanke, An der Dornhecke 4, 63856 Bessenbach
6. 21.12.1984
7. 01.03.1985
8. 77
9. Klavierkonzert, Vortrag über Christian Schad, Besuch der Schad-Ausstellung, Aufstellen eines Osterbaumes, Kirchenführung, Gemarkungswanderung, Bibel-Ausstellung mit alten und neuen Ausgaben, Vortrag über Marc Chagall, Besuch der Chagall-Ausstellung, "Wäzzbärre"-Wanderung und Verteilen von kleinen "Wäzzbärren" an 30 Hauskranke, Besuch einer Clown-Vorstellung für Kinder, Vortrag "Pflanzen" in 3-D-Technik, 3. Bessenbacher Hobbykunst-Ausstellung, Herausgabe einer Kunstmappe, Besuch des Weihnachtsmarktes in Sommerhausen
10. -
11. Bessenbacher Geschichtsbuch, Bd. 1, Juni 1988; Altes Bessenbach, Bd. 1, 1985 (Bildband)
12. Herausgabe von 2 Kunstdruckmappen der Scherenschnitt-Künstlerin Elisabeth Emmler, Postkartenserie "Altes Bessenbach" und der Kunstmappe "Bessenbacher Motive '92"
13. Zeitungsarchiv (Ortsgeschehen) von "Main-Echo" und "Volksblatt"; Bildarchiv (alte Aufnahmen aus dem Gemeindebereich)
14. -
15. -

Bischofsgrün

1. **Fichtelgebirgsverein e. V., Ortsgruppe Bischofsgrün**
2. Zweck des Vereins ist es, die Liebe zur Heimat und das Verständnis für die Eigentümlichkeiten des Fichtelgebirges und seiner Bewohner zu wecken, Heimatkunde und Brauchtum zu pflegen, das Wandern zu fördern und die Natur vor störenden Eingriffen zu schützen, um sie dem Menschen zur Erholung, Erbauung und Kraftsammlung zu erhalten
3. Rainer Schreier, Brunnbergstr. 31, 95493 Bischofsgrün
4. Wie 3.
5. Stephan Unglaub, Dr.-Dürrbeck-Weg 4, 95493 Bischofsgrün
6. 1897
7. 01.05.1980, Ergänzungen 17.05.1987 und 28.04.1991
8. 666

9. Ca. 45 Wanderungen, Wanderfahrten, Diavorträge für Gäste, Wegemarkierung, das Anlegen und die Unterhaltung von Wanderwegen, Felsbesteigungsanlagen etc., Naturschutz, Jugendarbeit, Exkursionen, Betriebsbesichtigungen, Herausgabe einer vereinseigenen Ortsgruppenzeitschrift
10. -
11. -
12. -
13. Der Verein besitzt eine Sammlung (Literatur und Fotos) mit Ausleihmöglichkeit; Kontakt: Horst Hedler, Königstr. 29, 95028 Hof.
14. Asenturm auf dem Ochsenkopf, sowie mehrere Quellen und Besteigungsanlagen
15. Festschrift anläßlich des 90. Gründungsjubiläums (mit Kurzchronik der Ortsgruppe)

Blindheim

1. **Heimatverein Blindheim**
2. Erforschung und Archivierung der Dorfgeschichte von Blindheim, Unterglauheim, Wolpertstetten, Berghausen und Weilheim
3. -
4. Erwin Mayer, Hornstr. 4, 89434 Blindheim
5. Karl Wirth, Klosterbachsiedlung 12, 89434 Blindheim
6. 16.11.1988
7. 16.11.1988
8. 52
9. Ein bis zwei Vorträge zur Heimatgeschichte, 3 Arbeitskreise zur Dorfgeschichte, ein bis zwei Museums- bzw. Ausstellungsbesuche
10. -
11. Es wurde mit dem Erstellen einer Dorfchronik in Form einer Sammelmappe am 1. Mai 1991 begonnen
12. -
13. Betreuung und Ordnen des Gemeindearchives
14. Heimathaus (Bauernhof aus dem 18. Jahrhundert; Beginn der Renovierungsarbeiten durch die Gemeinde 1993)
15. -

Bobingen

1. **Schwäbisch-Bayerischer Heimatverein Bobingen e. V., "D'Hochsträßler"**
2. Pflege des Brauchtums (auch Mundart und Musik); Heimatpflege und -kunde; geschichtliche Bedeutung der Hochstraße aufzeigen; Einsatz für den Erhalt historischer Gebäude
3. -
4. Hans Deubler, Alpenstr. 33, 86399 Bobingen
5. Brigitte Achberger, Königsbrunner Str. 1, 86399 Bobingen
6. 28.10.1983
7. 28.10.1983
8. 188
9. Mindestens 12 Veranstaltungen (Referate, Exkursionen, Ausstellungen, Erlernen alter Techniken wie das Fertigen von historischen Gewändern und Trachten, Reginahauben usw.)
10. -
11. -
12. -
13. Kleine museale Sammlung und Bibliothek
14. Betreuung örtlicher Einrichtungen, z.B. Patenschaft für den Brückenheiligen St. Nepomuk; eigener Raum für Ausstellungen und Veranstaltungen im Unteren Schlößchen
15. -

Brand

1. **OTNANT-Gesellschaft für Geschichte und Kultur in Ostfranken und Nordbaiern e. V.**
2. Wissenschaftliche Erforschung der Geschichte der nördlichen Oberpfalz und der angrenzenden Gebiete Oberfrankens, Interesse der Bevölkerung daran wecken und fördern
3. -
4. Dr. Bernd Thieser, Schneebergweg 5, 95682 Brand/Opf.
5. Siegfried Pöllath, Sonnenstraße, 95683 Ebnath/Opf.
6. 08.04.1988
7. 05.08.1988
8. 30

9. Zahlreiche Referate zur Ortsgeschichte Ebnath, Exkursionen unter bestimmten Themenstellungen (z. B. "Grenzen/Grenzsteine", etc.); Ausstellung "500 Jahre Hirschberger in Ebnath" (1989)
10. -
11. Hirschberg-Schriften, 1. Bd. 1988 - 2. Bd. 1991
12. -
13. -
14. -
15. -

Buchenberg

1. **Heimatgeschichtlicher Verein Buchenberg e. V.**
2. Erhaltung und Pflege örtlicher historischer Nachlässe sowie Umwandlung eines ehemaligen Kleinbauernhauses in ein Museum zu ihrer Präsentation
3. Lehrer Erhard Ott, Franz-Sommer-Str. 4, 87474 Buchenberg
4. Wie 3.
5. Richard Mair, Stockach, 87474 Buchenberg
6. 07.03.1986
7. 14.03.1991
8. 117
9. Daueraufgabe seit 1986 ist die Umwandlung eines ehemaligen Bauernhauses zu einem Museum (Museumseröffnung geplant am 05.09.1993), Instandsetzen und Archivieren von Flurdenkmälern, Anbringen von Informations-/Gedenktafeln an historischen Stellen, Vortragsabende
10. Jahresbericht an alle Mitglieder
11. -
12. Buchenberg - die Marktgemeinde im Wandel der Geschichte, 1985. Hg. von Erhard Ott (Fotobildband); Buchenberg-Information, 1987. Hg. von Erhard Ott
13. Im Aufbau begriffen
14. Museum (Kleinbauernhaus)
15. Tätigkeitsberichte von 1986 - 1989, zweimal jährlich, ab 1990 nur noch einmal jährlich

Büchlberg

1. **Arbeitskreis Heimat der Volkshochschule Büchlberg**

2. Sammeln und Bewahren heimatlicher Kultur, Traditionen und Denkmäler
3. Walter H. Kreul, Dipl. Physiker, Reitbergstraße 19, 94124 Büchlberg
4. Wie 3.
5. -
6. Sept. 1989
7. Keine Satzung
8. 5-10
9. Diavorträge: Heimatl. Kapellen u.a., Exkursionen: Freilichtmuseum Finsterau, Stadtarchiv Passau
10. -
11. -
12. -
13. -
14. -
15. -

Burghausen

1. **Heimatverein Burghausen an der Salzach e. V.**
2. Förderung des Stadtmuseums, Verschönerung des Stadtbildes, Erhaltung heimatlicher Kultur und Pflege der Heimatkunde
3. Heinrich Erber, Karl-Stechele-Str. 6, 84489 Burghausen
4. Josef Schncider, Burg 40, 84489 Burghausen
5. Bernhard König, Burg 17, 84489 Burghausen
6. 23.03.1899
7. 03.12.1970
8. 680
9. 5 Exkursionen und 3 Vorträge
10. -
11. Burghauser Geschichtsblätter, 1, 1911 - 47, 1992
12. Alois Buchleitner, Texte zu Burghausen, 1992
13. Teilsammlungen im Stadtmuseum/Stadtarchiv/Fotomuseum
14. Stadtmuseum (Teilbereiche)
15. 90 Jahre Stadtmuseum und Heimatverein, in: Burghauser Geschichtsblätter 44, 1989

Burgheim

1. **Heimatgeschichtlicher Verein Burgheim e. V.**
2. Erforschung und Erhaltung des kulturgeschichtlichen Gutes des Marktes Burgheim und seiner Ortsteile
3. Eberhard Waldrich, Perlbrunner Weg 2, 86666 Burgheim
4. Wie 3.
5. Albert Hoesch, Franz-Boecker-Str. 56, 86633 Neuburg/Donau
6. 1983
7. 24.07.1984
8. 25
9. Arbeitskreis
10. -
11. -
12. -
13. Archivalien- Bilder- und Büchersammlung
14. -
15. -

Bürgstadt/Main

1. **Heimat- und Geschichtsverein Bürgstadt/Main**
2. Erforschung und Erhaltung aller Zeugnisse aus Bürgstadts Vergangenheit; Betreuung und Ausbau der gemeindeeigenen Gerätesammlung mit Ziel der Errichtung eines Heimatmuseums
3. Ludwig Berberich, Rathaus, 63927 Bürgstadt/Main
4. Bürgermeister Hermann Josef Eck, Rathaus, 63927 Bürgstadt/Main
5. Willibald Schmalbach, Freudenbergerstr. 33, 63927 Bürgstadt/Main
6. 23.10.1984
7. 01.12.1984
8. 106
9. Wintermonate: 5-6 Leseabende (alte Schriften), Frühjahr/Herbst: 2-3 Referate, Sommer: 2 Kurzexkursionen (je ca. 4 Std), ein Jahresausflug
10. -
11. Der Weinbau in Bürgstadt bis zum Ende des 19. Jahrhunderts, 1. Heft 1985, Bürgstadter Familienbuch 1575-1900, 4. Heft 1987, Die öffentliche Wasserversorgung, 5. Heft 1992
12. -
13. -

14. -
15. -

Buxheim

1. **Heimatdienst Buxheim e. V.**
2. Zweck des Vereins ist die ideelle und praktische Wahrnehmung aller kulturellen, denkmal- und landschaftspflegerischen, historischen und heimatkundlichen Belange im Bereich der Gemeinde Buxheim, dazu die Einrichtung, Leitung und Betreuung des Kartausenmuseums in den vom Staat zur Verfügung gestellten Gebäudeteilen, sowie das Führen einer Ortschronik
3. -
4. Wolfgang Dierich, Goethestr. 10, Postfach 67, 87740 Buxheim
5. Wolfgang Dietrich, Klingelstr. 6, 87740 Buxhheim
6. 03.05.1974
7. 06.02.1987
8. 143
9. Ein bis zwei Exkursionen/Kulturfahrten, ein bis zwei Veranstaltungen mit Referaten
10. -
11. -
12. -
13. Großteil des Inventars des Deutschen Kartausen Museums
14. Deutsches Kartausen Museum
15. -

Cadolzburg

1. **Heimatverein Cadolzburg und Umgebung e. V.**
2. Pflege, Erhaltung und Dokumentation der Heimatlandschaft einschließlich der Boden-, Gelände-, Flur-, Natur- und Baudenkmäler; Pflege der Heimat- und Landeskunde; Förderung der Volkskunst; Förderung des Wandergedankens; Unterhaltung einer heimatkundlichen Sammlung; Durchführung allgemeinbildender, kultureller und gesellschaftlicher Veranstaltungen
3. Friedrich Löb, Untere Leitenstr. 24a, 90556 Cadolzburg
4. Claus Pierer, Eichenstr. 9, 90556 Cadolzburg
5. Walter Roß, Wachendorfer Str. 9, 90556 Cadolzburg

6. 15.07.1884
7. 06.04.1978
8. 369
9. Neujahrsempfang; Dillenbergfest, Fränkische Stunde unterm Kirchweihbaum; Burgfest; Marktplatzfest; Adventsmarkt; Besenverbrennen am Altjahrabend; Frühjahrs- und Herbstexkursion
10. Cadolzburger Luginsland 1977-1988; Der Bleistift 1991-1992
11. -
12. -
13. Rangau-Heimathaus; Heimatkundliche Sammlung zu den Themen Vorgeschichte, Geologie, ortstypische Erwerbszweige, Burg- und Ortsgeschichte (Eröffnung Ende 1993)
14. -
15. 100 Jahre Heimatverein Cadolzburg und Umgebung e. V., Juli 1984

Coburg

1. **Historische Gesellschaft Coburg e. V.**
2. Erforschung der Geschichte des Coburger Raumes, insbesondere des ehemaligen Herzogtums Sachsen-Coburg mit seinen politischen, kulturellen und wirtschaftlichen Eigenarten sowie seinen Verflechtungen mit dem fränkischen Nachbarraum, der deutschen und europäischen Geschichte
3. -
4. Dr. Harald Bachmann, Oberstudiendirektor a. D., Eupenstr. 108, 96450 Coburg
5. Dr. Georg Aumann, Landeskonservator, Ernst-Faber-Str. 2, 96450 Coburg
6. 06.11.1920
7. 25.01.1978
8. 340
9. Vorträge; Vortragsreihe zusammen mit der Volkshochschule Coburg zur fränkisch-thüringischen Geschichte; ein- und mehrtägige Studienfahrten
10. Coburger Geschichtsblätter (vierteljährlich), 1971-1992
11. Vormals: Blätter zur Geschichte des Coburger Landes, hg. von der Historischen Gesellschaft Coburg e. V.; NF 1. Jahr Heft 1-2, Januar-Juli 1991, 1993 unter neuem Namen: Schriftenreihe der Historischen Gesellschaft
12. -
13. Ungeordnete, nicht öffentlich zugängliche Sammlung im Stadtarchiv Coburg
14. -
15. Harald Bachmann, 60 Jahre im Dienste der Coburger Landesgeschichte, in: Coburger Land - Eigenart und Vielfalt im Wandel der Zeiten, Jahresgabe der Historischen Gesellschaft 1980 (vergriffen)

Deggendorf

1. **Geschichtsverein für den Landkreis Deggendorf e. V.**
2. Darstellung der Geschichte des Raumes Deggendorf, das Interesse und Verständnis für ihn zu wecken und zu fördern durch Veröffentlichungen und Vorträge, Führungen und Studienfahrten; bei Fragen der Archive und Museen, des Schutzes und der Pflege der Denkmäler beratend mitzuwirken
3. Dr. Karl Schmotz, Landratsamt, Herrenstraße 18, 94469 Deggendorf
4. Landrat Dr. Georg Karl, Herrenstraße 18, 94469 Deggendorf
5. Hans Kapfhammer, Godehardstr. 17, 94469 Deggendorf
6. 20.11.1979
7. 1986
8. 351
9. Ca. 9 Vorträge und 2 Exkursionen
10. Deggendorfer Geschichtsblätter 1 (1981) - 13 (1992)
11. -
12. -
13. Kleine heimatgeschichtliche Bibliothek
14. -
15. Hans Kapfhammer, Der Deggendorfer Geschichtsverein von 1979-1989, in: Deggendorfer Geschichtsblätter 10 (1989), S. 8-11

Dettelbach

1. **Kulturhistorischer Kreis Dettelbach e. V.**
2. Erforschung der Vor- und Frühgeschichte, Pflege der Archive, Bewahrung der Altstadt Dettelbach, Erhaltung der dörflichen Kultur sowie Aufbau und Unterhalt eines Museums
3. Karl Petersilka, Albrecht Dürer Str. 14, 97337 Dettelbach
4. Wie 3.
5. Dr. Dieter Schöneberger, Am Steinbühl 17, 97337 Dettelbach
6. 01.12.1988
7. 01.12.1988
8. 97
9. Je eine Ausstellung, Exkursion und sonstige Veranstaltung (z.B. Ein Dorf stellt sich vor)
10. -

11. -
12. -
13. Verwaltung des Stadtarchivs
14. -
15. -

Dießen

1. **Heimatverein Dießen und Umgebung e. V.**
2. Förderung und Pflege von Kultur und Eigenleben des Marktes Dießen und seiner Umgebung
3. -
4. Dr. Thomas Raff, Mauerkircherstr. 38, 81679 München
5. Dr. Peter Becher, St. Georgstr. 13, 86911 Dießen/A.
6. 19.08.1925
7. 17.03.1989
8. 264
9. Durchschnittlich 5 Kunstausstellungen (meist jüngerer Künstler). Durchschnittlich eine heimatkundliche Ausstellung (z. B. "Schiffahrt auf dem Ammersee"; "Beim Dorfphotographen"; "Dießen kaputt?? - alte und neue Photographien im Vergleich"), Dichterlesungen, Waldschadensbesichtigungen und viele andere Aktivitäten in Richtung Ökologie und Umwelt, Weihnachtsmarkt
10. -
11. -
12. Spaziergänge durch Dießen/A. Ein Begleiter zu den historischen Stätten, 1982; Tagebuch eines Landlebens. Ein Dießener Lesebuch, 1990
13. Sammlung heimatkundlicher Gegenstände
14. Der Verein ist Eigentümer des sog. "Taubenturms" (barocker Torturm des ehemaligen Klosters Dießen)
15. Wolfram Glaser und Thomas Raff, Chronik des Heimatvereins Dießen und Umgebung e. V., zusammengestellt aus Anlaß der 60. Wiederkehr der Gründungsversammlung am 19. August 1925, 1985

Dießen a. Ammersee

1. **Arbeitskreis der Heimatforscher des Ammersee-Gebietes e. V.**
2. Weckung und Förderung des Heimatgedankens durch Heimatforschung

3. -
4. Wilhelm Neu, Seeholzstraße 6, Holzhausen a. Ammersee, 86919 Utting a. Ammersee
5. Ernst Lösche, Am Kirchsteig 19, St. Georgen, 86911 Dießen a. Ammersee
6. 02.12.1950
7. 15.03.1975
8. 85
9. 4 Versammlungen mit je einem Referat (Lichtbildervortrag), 3 heimatkundliche Exkursionen, davon eine Ganztagesfahrt
10. -
11. -
12. -
13. Bibliothek und Zeitungsarchiv, betreut von Irmgard Scheitler, Iglauer Str. 12, 86911 Dießen a. Ammersee
14. -
15. -

Dietenhofen

1. **Heimatverein Dietenhofen e. V.**
2. Pflege des Heimatgedankens, des Brauchtums und des heimatlichen Kulturgutes; Förderung der Heimatpflege, Heimatkunde und Heimatforschung; Erhaltung von Denkmälern der Natur, Geschichte und Kunst; Unterhaltung eines Heimatmuseums
3. Kurt Schmiedl, Langenzenner Str. 30, 90599 Dietenhofen
4. Wie 3.
5. Reinhold Meyer, Peter-Henlein-Str. 3, 90599 Dietenhofen
6. 12.03.1967
7. 17.10.1985
8. 118
9. Übungsstunden "fränkische Volkstänze" für Kinder und Erwachsene, Referate mit heimatbezogenen Themen, Sonderschauen im Heimatmuseum
10. Mitteilungsblatt (zweimal jährlich)
11. -
12. -
13. -
14. Heimatmuseum Dietenhofen
15. -

Dillingen

1. **Historischer Verein Dillingen an der Donau**
2. Sammlung und Aufbewahrung geschichtlicher Gegenstände; Veröffentlichung von Quellen und Forschungsergebnissen; Sammlung der im und über das "Vereinsgebiet" erschienenen Literatur; Belebung und Erweiterung des Interesses an der Heimatgeschichte durch Versammlungen, Vorträge und Exkursionen
3. Dieter M. Schinhammer, Westendstr. 34, 89407 Dillingen an der Donau
4. Wie 3.
5. Dr. Rudolf Poppa, Stadt- und Hochstiftmuseum, Am Hafenmarkt 11, 89407 Dillingen an der Donau
6. 03.07.1888
7. 15.02.1962
8. 660
9. Jährlich ca. 6 Referate und 3 Exkursionen; Jahreshauptversammlung; Sonderausstellung im Museum, im Rathaus oder an anderen Orten; Museumskreis
10. Jahrbuch des Historischen Vereins Dillingen an der Donau,
Bd. 1 (1888) - Bd. 94 (1992)
11. -
12. Kleinere Schriften wie Kataloge zu den vom Verein veranstalteten Ausstellungen, z. B. Heinrich Vogtherr der Ältere (1490-1990)
13. Sammlungen des Vereins im Stadt- und Hochstiftmuseum; Bibliothek mit ca. 9500 Bänden, betreut von der staatlichen Studienbibliothek
14. -
15. Paul Zanetti, Die ersten 25 Jahre des Historischen Vereins Dillingen 1888-1913, in: 25. Jahrbuch des Historischen Vereins Dillingen, 1912, S. 1-246; Festschrift zum fünfzigjährigen Bestehen des Vereins, in: ebenda 49./50. Jg, 1936/1938, S. 1-206; Dieter Schinhammer, Der Historische Verein 1888-1988, in: ebenda, 90. Jg., 1988, S. 24-26

Dinkelsbühl

1. **Historischer Verein "Alt-Dinkelsbühl" e. V.**
2. Interesse für die geschichtliche Vergangenheit Dinkelsbühls und seiner nächsten Umgebung und für die Erhaltung der von den Vorfahren im Raume Dinkelsbühl geschaffenen Kulturwerke zu wecken und zu pflegen
3. Claus-Dieter Loos, Bechhofenerstr. 2, 91550 Dinkelsbühl
Historisches Museum Dinkelsbühl, Dr. Martin Lutherstr. 6, 91550 Dinkelsbühl

4. Claus-Dieter Loos, Bechhofenerstr. 2, 91550 Dinkelsbühl
5. Dr. Jürgen Walchshöfer, Rathaus, Segringerstr. 30, 91550 Dinkelsbühl
6. 01.06.1893
7. 17.03.1983
8. 420
9. Mitgliederversammlung, einmal jährlich; Vorstandssitzung, ca. achtmal jährlich; Mitgliederexkursion, thematisch auf Vereinstätigkeitsschwerpunkte festgelegt, einmal jährlich; Planung und Durchführung musealer Sonderausstellungen, einmal jährlich
10. -
11. Jahrbuch des Historischen Vereins "Alt-Dinkelsbühl" e. V. 1 (1963) - 13 (1990)
12. Beilage der Fränkischen Landeszeitung, Regionalbereich Dinkelsbühl. Titel: "Alt-Dinkelsbühl"
13. Sammlungen des Historischen Museums Dinkelsbühl; Zeugnisdarlegung zur Dinkelsbühler Stadtgeschichte (Handels- und Zunftwesen des Mittelalters; Gerichtsbarkeit des Mittelalters; Wohnkultur der Biedermeierzeit); Motiverarbeitung des Stadtbildes (Münchner Malschule, Jahrhundertwende)
14. Historisches Museum
15. Beiträge im Jahrbuch des Historischen Vereins "Alt-Dinkelsbühl"

Dirlewang

1. **Heimatdienst Dirlewang e. V.**
2. Förderung aller Maßnahmen, die der Weckung und Stärkung des Heimatgedankens sowie der Liebe zur Heimat, der Verschönerung des Ortsbildes und der Pflege vorhandener Kulturgüter, insbesondere der Betreuung und Ausgestaltung des Heimatmuseums Dirlewang dienen
3. -
4. Alfred Walter, Saulengrainerstr. 29, 87742 Dirlewang
5. Werner Gingele, Marktstr. 17, 87742 Dirlewang
6. 1930
7. 12.06.1975
8. 154
9. Referate, Exkursionen, Ausstellungen, Arbeitskreise, Brauchtumspflege, Museumsausbau, Führungen, Vorträge, Altmaterialsammlungen, Volksmusik, Volkstanz.
10. -
11. Heimathaus Taverne
12. -

13. Fotosammlung
14. Heimatmuseum Taverne
15. -

Donaustauf

1. **Heimat- und Fremdenverkehrsverein Donaustauf e. V.**
2. Pflege und Förderung des Fremdenverkehrs, Verbesserung der Ortsverschönerung, des Natur- und Landschaftsschutzes und der Heimat- und Brauchtumspflege
3. -
4. Fritz Uhl, Gutenbergstr. 5, 93093 Donaustauf
5. Karl Schützmeier, Ludwigstr. 37, 93093 Donaustauf
6. 05.01.1912
7. 08.04.1991
8. 124
9. Wöchentlicher Bauernmarkt, jährlich Weihnachtsbasar, alle 2 Jahre Gewerbeausstellung
10. 1971 bis 1981 monatliche Herausgabe "Burgpfeifer", Mitteilungsblatt für Donaustauf (Aktuelles und Geschichte), ab 1988 vierteljährlich
11. -
12. Die Burg Donaustauf, 150 Jahre Walhalla, Altenthanner Feldkreuze, Altenthanner Wanderwege; Sondernummern "Burgpfeifer": Grundsteinlegung Walhalla, König Ludwig I., St. Salvator, Krankenhaus Donaustauf
13. Archiv Burgpfeifer, darüberhinaus Stiche und Fotos von Donaustauf
14. -
15. -

Donauwörth

1. **Historischer Verein für Donauwörth und Umgebung e. V.**
2. Erforschung der Vergangenheit, ihrer Publikation, der Erhaltung und Pflege des gesamten Kulturgutes, Erwerbung historisch und kulturell bedeutender Gegenstände
3. Historischer Verein Donauwörth, Heilig Kreuz Straße 8, 86609 Donauwörth
4. Erich Bäcker, Heilig Kreuz Straße 8, 86609 Donauwörth

5. Dr. Ottmar Seuffert, Falkenweg 2 (oder Stadtarchiv Donauwörth), 86609 Donauwörth
6. 02.05.1901
7. 19.11.1991
8. 280
9. Meist 12 Veranstaltungen im Jahr (Fahrten, Vorträge, Ausstellungs- und Museumsbesuche, aktuelle Veranstaltungen)
10. -
11. Mitteilungen des Historischen Vereins für Donauwörth und Umgebung, nur 1902 und 1905 in zwei Jahrgängen erschienen. Neubeginn 1991 unter gleichem Titel für das Jahr 1990
12. Führer durch Donauwörth, 1969; Josef W. König, Donauwörth im Spiegel der Literatur, 1968
13. Bibliothek mit heimatkundlicher Literatur
14. -
15. Ottmar Seuffert, in: Mitteilungen des Historischen Vereins für Donauwörth und Umgebung (1992)

Ebermannstadt

1. **Fränkische-Schweiz-Verein e. V.**
2. Pflege und Erschließung der heimatlichen Kulturgüter; Erhaltung und Erschließung der Schönheiten der Fränkischen Schweiz; Förderung des Natur-, Landschaft- und Umweltschutzes, des Volkstums und der Heimatpflege; Herstellung, Erhaltung und Markierung von Wanderwegen, Schaffung von Aussichtspunkten und Ruheplätzen; Durchführung von gemeinsamen und vereinsoffenen Wanderungen, sowie Unterstützung und Förderung des Jugendwandergedankens; Herausgabe einer Vereinszeitschrift mit belehrenden und wissenschaftlichen Veröffentlichungen sowie Beiträgen kultureller Art; Unterstützung und Förderung der Herausgabe von Wanderkarten und Wanderführern; Durchführung von sonstigen Veranstaltungen, die im Sinne der Vereinsaufgaben, insbesondere im Interesse der Hebung und Förderung des Fränkische-Schweiz-Bewußtseins liegen
3. Oberes Tor 1, 91320 Ebermannstadt
4. Karl Theiler, Am Marktplatz 6, 91320 Ebermannstadt
5. Gernot Huß, Forstamt, 91282 Betzenstein
6. 1901
7. 31.10.1984
8. 4100 zahlende und 699 Familienmitglieder

9. Ca. 50 Heimatabende, 200 Wanderungen, Lichtbildervorträge, Heimattage, Trachtennähkurse, Mundarttheater etc.
10. Die Fränkische Schweiz, 1 (1924), Unterbrechung 1933 bis 1947, Neue Folge 1 (1959) - 34 (1992)
11. Fränkische Schweiz, Landschaft und Kultur, Bd. 1, 1983: Rund um die Neideck - Bd. 8, 1992: Vom Land im Gebirg zur Fränkischen Schweiz
12. -
13. Fränkische Schweiz Bibliothek in Ebermannstadt
14. Scheffeldenkmal, Gößweinstein, Gedenkstätte an der Schüttersmühle, Scheffeltafeln, Wegemarkierungen
15. Lilly Schottky, Geschichte des Fränkische-Schweiz-Vereins; Karl Frenz, Geschichte des Fränkische-Schweiz-Vereins

Ebrach

1. **Forschungskreis Ebrach e. V.**
2. Erforschung der Zisterziensergeschichte mit Grenzbereichen
3. Alfons Keller, 1. Bügermeister, Rathausplatz 2, 96157 Ebrach
4. Prof. Dr. Gerd Zimmermann, Richard-Wagner-Str. 4, 96049 Bamberg
5. Dr. Franziskus Büll, OSB, Abtei Münsterschwarzach, 97359 Münsterschwarzach
6. 12.12.1969
7. 12.12.1969
8. 104
9. Jährliche Exkursion zu ehemaligen Zisterzienserklöstern, Vorträge, Ausstellungen
10. -
11. 1. Band 1971, letzter Band 1990
12. A. Kaspar, Chronik der Abtei Ebrach; Festschrift Ebrach 1127-1985; Festschrift Abteikirche Ebrach 1285-1985; Die Forstwirtschaft der Abtei Ebrach; W. Wiemar, Birkenrod, Ronbach und die Mühle beim Alten Kloster; ders., Der kurfürstlich-bayerische Galeriedirektor streitet um die Bildersammlung des letzten Abtes; M. Zadnik, Sakrale Kunst Sloweniens; W. Schenk, Mainfränkische Kulturlandschaft unter klösterlicher Herrschaft; Supplementan; Werner Goez, Bernhard von Clairvaux, Zum 900. Geburtstag. Festvortrag in Ebrach am 1. Juli 1990; Wolfgang Wiemer, Der Ebracher Klosterschatz, Geschichte und Geschichten aus fünf Jahrhunderten
13. Kleinere Sammlung von historischen Briefen
14. -
15. -

Eibelstadt

1. **Heimatverein Eibelstadt e. V.**
2. Liebe zur Heimat wecken; Brauchtum pflegen; Erhaltung städtebaulicher Eigenart Eibelstadts pflegen; Gesprächspartner des Stadtrats; Denkmäler des Ortes erfassen und sichern; Geschichte Eibelstadts erforschen und Veröffentlichungen dazu fördern; Heimatmuseum ausbauen und unterhalten
3. Dr. Franz Schicklberger, Kapellensteige 9, 97246 Eibelstadt
4. Wie 3.
5. Otmar Schlereth, Hauptstr. 14, 97246 Eibelstadt
6. 1952
7. 12.01.1987
8. 225
9. 2 Vorträge im Jahr (Frühjahr, Herbst); 2-3 Sonderausstellungen im Heimatmuseum; eine Tagesfahrt jährlich. Arbeitskreise: Museum; Fotolabor; Öffentlichkeitsarbeit; Kalender; Heimatbogen; Häuserchronik
10. -
11. Heimatbogen: Nr. 1, 1984 - Nr. 7, 1992; dazu Bildband "Eibelstadter Bilderbogen" 1987
12. -
13. Bildersammlung "Alt Eibelstadt" (ca. 1500 Aufnahmen); Mikrofilme aus Pappenheimer Archiv (alle Urkunden und Akten bezüglich Eibelstadt; über 2000 Seiten); Kopien von Urkunden mit Bezug auf Eibelstadt
14. Heimatmuseum im Frühmesserhaus Eibelstadt
15. Wilhelm Kneuer, Heimatverein Eibelstadt. In: 1200 Jahre Eibelstadt, Eibelstadt 1987, S. 267-270

Eichenbühl

1. **Heimat- und Geschichtsverein Eichenbühl e. V.**
2. Erforschung und Erhaltung von Kulturwerten sowie der Denkmalschutz und die Pflege historischer und volkskundlicher Belange
3. Rathaus Eichenbühl, Hauptstr. 97, 63928 Eichenbühl
4. 1. Bürgermeister Otto Schmedding, Julius-Keppner-Str. 26, 63928 Eichenbühl
5. Günther Miltenberger, Hauptstr. 101, 63928 Eichenbühl
6. 06.04.1987
7. 06.04.1987

8. 129
9. Ortsgeschichtliche Referate, jährliche Exkursion, jeweils Fotoausstellungen am Markttag, 4 ständige Arbeitskreise
10. -
11. -
12. -
13. Bilder, Reproduktionen alter Photos, museale Sammlung, enge Zusammenarbeit mit dem Gemeindearchiv (geordnet und erschlossen)
14. Ein Gebäude wird von der Gemeinde für den Aufbau eines künftigen kleinen Heimatmuseums zur Verfügung gestellt
15. Keppner, Eichenbühl ist meine Heimat (1952); Fischer, Die Geschichte des Gemeindewaldes Eichenbühl (1989); Schmitt, Chronikalische Aufzeichnungen aus Eichenbühl (1989);Zeller, Die Pflanzenwelt der Gemarkung Eichenbühl (1990); Heimat- und Geschichtsverein Eichenbühl (Hg.), Flurdenkmale in Eichenbühl (1992)

Eichstätt

1. **Historischer Verein Eichstätt e. V.**
2. Pflege der Geschichte der Stadt, des Landkreises, des ehemaligen Hochstifts und der Diözese Eichstätt
3. Breitenauerstr. 10, 85072 Eichstätt
4. Helmut Hawlata, Breitenauerstr. 10, 85072 Eichstätt
5. Karl Zecherle, Westenstraße 111, 85072 Eichstätt
6. 03.07.1886
7. 28.04.1982
8. Ca. 600
9. Eine Studienfahrt (bis zu 3 Tagen), ein Herbstausflug, 6-10 Vorträge, monatlich ein "Stammtisch"
10. -
11. Sammelblatt des Historischen Vereins, Bd. 1, 1886 - Bd. 85, 1992
12. Historische Blätter für Stadt- und Landkreis Eichstätt, jährlich 6 Ausgaben
13. Ur- und frühgeschichtliches Museum auf der Willibaldsburg, Bücher, Drucke und Stiche befinden sich in der Universitätsbibliothek Eichstätt
14. Römerkastell Pfünz (mit Teilrekonstruktionen)
15. K. W. Littger, Ausstellungskatalog 100 Jahre Historischer Verein Eichstätt, 1886/1986 (Schriften der Universitätsbibliothek Eichstätt)

Elsenfeld

1. **Heimat- und Museumsverein Elsenfeld**
2. Auf- und Ausbau des Heimatmuseums, Erforschung und Erhaltung aller Zeugnisse der Elsenfelder Vergangenheit wie heimatliches Schrifttum, Denkmäler, Bildstöcke, Wegkreuze u. a.
3. Wilfried Hamann, Ulmenstr. 6, 63820 Elsenfeld
4. Wie 3.
5. Franz Hartmann, Sudetenstr. 10, 63820 Elsenfeld
6. 25.11.1980
7. 12.03.1981
8. 88
9. Jährlich bis zu 2 Sonderausstellungen (z.B. alte Uhren, Spielzeug, Tiere aus Wald und Flur, alte Küchengeräte, ein Waschtag früher etc.)
10. -
11. -
12. -
13. -
14. Heimatmuseum, Backhaus, Museumsscheune mit landwirtschaftlichen Geräten
15. -

Eltmann

1. **Verein für Heimatgeschichte Eltmann e. V.**
2. Pflege der Geschichte von Eltmann und Umgebung, Errichtung eines Heimatmuseums
3. Ingeborg Schad, Schloßsteige 17, 97483 Eltmann
4. Wie 3.
5. Walter Heil, Friedhofweg 1, 97483 Eltmann
6. 06.02.1984
7. 23.03.1984
8. 180
9. 12 Arbeitssitzungen, eine Exkursion
10. -
11. Die Hexen von Eltan - historisches Festspiel, Bd 1, 1987; A jedes hot sei Heimat gern - Gedichtband, Bd. 2, 1989
12. 23 Einzelveröffentlichungen über ausgestellte Exponate im Heimatmuseum
13. Museumssammlung verschiedener Themen (s. Bayerischer und Unterfränkischer Museumsführer)

14. Vereinseigenes Heimatmuseum
15. -

Erding

1. **Kreisverein für Heimatschutz und Denkmalpflege Landkreis Erding e. V.**
2. Der Verein hat den Zweck, die natürliche und kulturelle Eigenart des Landkreises Erding in Zusammenarbeit mit den Behörden, Vereinen, Körperschaften und Einzelpersonen zu pflegen und der Bevölkerung nahe zu bringen
3. Hartwig Sattelmair, Landratsamt Erding, Alois-Schießl-Platz 2, 85435 Erding
4. Landrat Xaver Bauer, Landratsamt Erding, Alois-Schießl-Platz 2, 85435 Erding
5. Edmund Lechner, Bürgermeister, Münchner Straße 12, 84424 Isen
6. 1951
7. 12.01.1978
8. 260
9. 10 Referate, eine Ausstellung, 2 Exkursionen
10. -
11. Erdinger Land Bd. 1, 1977-Bd. 12, 1991 (löste die Schriftenreihe "Zwischen Sempt und Isen" [1952-1976] ab)
12. -
13. Bibliothek
14. -
15. -

Erlangen

1. **Heimat- und Geschichtsverein Erlangen e. V.**
2. Förderung aller Zweige der Heimat- und Volkskunde einschließlich der Denkmal- und Ortsbildpflege in Erlangen und Umgebung
3. Bertold Frhr. v. Haller, Großgründlacher Hauptstr. 45, 90427 Nürnberg; Geschäftsstelle: Marktplatz 1, 91054 Erlangen
4. Helmut Horneber, Ebrardstr. 46, 91054 Erlangen
5. Dr. Christoph Friederich, Lachnerstr. 69, 91054 Erlangen
6. 1919
7. Frühjahr 1989
8. 840

9. 2 Busexkursionen; 8 Vorträge; 10 Stadtführungen; 2 Ausstellungen; 10 Wanderungen. Außerdem bestehen 6 Arbeitskreise (Erlangen-Innenstadt, -Bruck, -Büchenbach, -Frauenaurach, -Kosbach, -Tennenlohe), die sich vor allem mit akuten Problemen vor Ort bzw. auch mit der Geschichte der eingemeindeten Vororte befassen
10. Erlanger Bausteine zur fränkischen Heimatforschung 1 (1954) - 40 (1992)
11. -
12. Zahlreiche Bücher zur Geschichte Erlangens, u. a. 11 Bildbände über Erlangen und die eingemeindeten Vororte mit historischen Aufnahmen (1982-1987); Postgeschichte Erlangens (1989); Fa. Siemens in Erlangen nach 1945 (1990); Heimatbuch Erlangen-Kosbach (1992)
13. Bibliothek: ca. 10 000 Bände, Schwerpunkt Erlangen (umfassend), Franken/-Bayern (vor allem Geschichte, Kunst, Volkskunde usw.); darunter ca. 150 Periodica, die im Schriftentausch von Heimat- und historischen Vereinen, Museen usw. bezogen werden (besonders aus dem süddeutschen Raum). Bestand durch Verfasser- und Schlagwort-Katalog erschlossen, grundsätzlich ausleihbar (Einschränkung bei älteren Werken). Ausleihe: Do. 16-18.30 Uhr. Ansichtskarten von Erlangen und der fränkischen Umgebung ca. 1890 ff (davon über 2000 Stück allein von Erlangen, ohne die 1972 eingemeindeten Vororte).
    Nachlaß Dr. Eduard Rühl (1892-1957, Gründungsmitglied und langjähriger Vorsitzender des Vereins): Fotografien ca. 1920-1957 (ca. 20000 Glasnegative, Dias, Schwarz-Weiß-Negative und -abzüge), vor allem von Erlangen und dem fränkischen Umland (seit 1992 als Leihgabe im Stadtarchiv Erlangen, noch nicht benutzbar); Sammlung Rudolf Großner: Postgeschichte Erlangen 1653-1992 (als Leihgabe im Stadtarchiv Erlangen); Sammlung Leonhard Polster: ältere Erlanger Graphik und Literatur (u.a. zahlreiche seltene Klein- und Gelegenheitsschriften des 19. Jh.); Sammlung des Museums im "Amtshausschüpfla", Erlangen-Frauenaurach: Geschichte des 1972 eingemeindeten Vororts (u.a. bäuerliches und häusliches Gerät, landwirtschaftliche Maschinen); außerdem bestehen eine Diasammlung (Erlangen/fränk. Umland) und eine Zeitungsausschnittsammlung
14. Heimatmuseum im "Amtshausschüpfla" in Erlangen-Frauenaurach (betreut vom Arbeitskreis Erlangen-Frauenaurach)
15. E. Deuerlein, 40 Jahre Heimatverein, in: Erlanger Bausteine 6 (1959), S. 9-17; H. Menhofer, 50 Jahre Heimatverein Erlangen und Umgebung, in: ebenda 16 (1969), S. 3-6; derselbe, 60 Jahre Heimatverein Erlangen und Umgebung, in: ebenda 26 (1979), S. 5-8

Eschenbach

1. **Heimatverein Eschenbach e. V.**
2. Pflege des Heimatgedankens, die Verschönerung der Stadt und Umgebung
3. Karlheinz Keck, Karlsplatz 32, 92676 Eschenbach
4. Wie 3.
5. Willi Trummer, An der Kreuzkirche 33, 92676 Eschenbach
6. Ca. 1900
7. 18.02.1983
8. 335
9. Ein bis zwei Vorträge, eine Exkursion, ein bis zwei Ausstellungen, eine bis zwei kulturelle Veranstaltungen musikalischer Art, ein Heimatabend, ein Volkstanzabend
10. Heimat Eschenbach, Heft 1 (1978) - 15 (1992)
11. Vier heimatgeschichtliche Beiträge über die Stadt Eschenbach herausgegeben, 1. Heft (1983), 4. Heft (1989); Barbaraberg in Vergangenheit und Gegenwart, 1983; Eine Chronik in alten Bildern über Eschenbach und Speinshart, 1984; Musikkassetten: "Sou woas fröia", 1985, "So klingt's in Eschenbach", 1990; Wanderkarte: Eschenbach-Speinshart, Wandern zwischen Wäldern und Weihern, 1986
12. -
13. "Heimatarchiv Eschenbach und Speinshart": Bild- und Schriftzeugnisse, Bilder, Fotos, Dia, Video- und Tonbandaufzeichnungen (Erzählungen, Mundart und Volksmusik)
14. -
15. -

Feldkahl

1. **Verein zum Bau und Unterhalt einer Gedenkkapelle in Feldkahl**
2. Bau und Unterhalt einer Gedenkkapelle in Feldkahl
3. Ludger Hufgard, Schimbornerstr. 45, 63768 Feldkahl
4. Wie 3.
5. Regina Bopp-Narvacz, Schimbornerstr., 63768 Feldkahl
6. 02.03.1989
7. 04.10.1989
8. 40
9. Jährlich 5-6 Sitzungen und ein Kapellenfest; Geschichtsvorträge; Lichtbilderreihe aus dem Dorfgeschehen; Planung eines Kreuzweges

10. -
11. -
12. -
13. Buch mit allen Gefallenen des ersten und zweiten Weltkrieges
14. Gedenkkapelle
15. -

Feuchtwangen

1. **Arbeitsgemeinschaft für Heimatgeschichte Feuchtwangen im Verein für Volkskunst und Volkskunde e. V. Feuchtwangen**
2. Geschichtsforschung Feuchtwangen und Umgebung einschließlich archäologischer Aufgaben
3. Arbeitsgemeinschaft für Heimatgeschichte, Hindenburgstr. 5-7, Stadtarchiv, 91555 Feuchtwangen
4. Die AG hat einen Sprecher, der satzungsgemäß jährlich wechselt. Dipl. Wirtschaftsing. Fritz Wünschenmeyer, Untere Torstr. 22, 91555 Feuchtwangen
5. Verlagsbuchhändler Werner Uhlich, Fückelstr. 12, 91555 Feuchtwangen
6. 27.06.1984
7. 1988
8. 15
9. Monatlich eine Gesprächsrunde mit Referat, ein bis zwei Exkursionen, Ausstellung über die Arbeit der AG in der Volksbank sowie im Tagungslokal, Referate im Evangelischen Bildungswerk Feuchtwangen
10. -
11. In Zusammenarbeit mit dem Stadtarchiv: "Feuchtwanger Heimatgeschichte", Bd. 1, 1988 - Bd. 3, 1991
12. Einzelveröffentlichungen in der lokalen Tageszeitung
13. Bücher- und Manuskriptsammlung, Kontaktstelle: Stadtarchiv
14. -
15. Hans Güthlein, Unser Heimatmuseum, in: Bayerischer Grenzbote, Feuchtwangen 1925; ders., Unser Heimatmuseum, in: Fränkische Heimat 4, 1925

Freising

1. **Archäologischer Verein im Landkreis Freising e. V.**

2. Förderung der Belange der Archäologie und Bodendenkmalpflege im Landkreis Freising
3. Erwin Neumair, Ganzenmüllerstr. 25 a, 85354 Freising
4. Wie 3.
5. Dr. Helmut Liebl, Hartstr. 17, 85386 Eching
6. 12.11.1988
7. 12.11.1988
8. 307
9. Ausgrabungen, 5 Vorträge, Ausstellung und Exkursionen
10. Archäologie im Landkreis Freising 1 (1990) - 3 (1992)
11. -
12. -
13. Archäologisches Fundgut im Landratsamt Freising
14. -
15. -

Freising

1. **Historischer Verein Freising e. V.**
2. Pflege der Geschichte im weitesten Sinn (mit Vor-, Kultur- und Kunstgeschichte) sowie der Volks- und Heimatkunde, insbesondere von Freising und Umgebung
3. Walter v. Molo, Rathaus, 85354 Freising
4. Wie 3.
5. Prof. Dr. Glaser, Am Hochrain 2, 85354 Freising-Hohenbachern
6. 15.12.1890
7. 07.03.1972
8. 420
9. Im Winter monatliche Vorträge; im Sommer kunsthistorische Fahrten
10. -
11. Sammelblatt des Historischen Vereins Freising, Bd. 1, 1893 - Bd. 33, 1992
12. Laufende Veröffentlichungen liegen im Archiv auf
13. Bibliothek mit Sammlungsschwerpunkten Geschichte Freisings und des Fürstbistums, bayerische Geschichte
14. Museum des Historischen Vereins Freising; Bodendenkmal in der Neufahrner Flur
15. -

Fürstenfeldbruck

1. **Historischer Verein für die Stadt und den Landkreis Fürstenfeldbruck e. V.**
2. Das Interesse an der geschichtlichen Vergangenheit der Stadt und des Landkreises Fürstenfeldbruck wieder zu wecken, zu fördern, insbesondere für die Erhaltung kunst- und kulturgeschichtlicher Überreste in öffentlichem und privatem Besitz Sorge zu tragen und bei der Errichtung eines Heimatmuseums mitzuwirken
3. Robert Weinzierl, Sinzingerstr. 17, 82256 Fürstenfeldbruck
4. Wie 3.
5. Dr. Peter Pfister, Mondstr. 7, 82256 Fürstenfeldbruck
6. 18.11.1982
7. 18.11.1982
8. 180
9. Etwa 5-6 Referate, ein bis zwei Exkursionen im Landkreis, ein bis zwei Halbtages- oder Tagesausflüge, alle drei bis vier Jahre mehrtägige Ausflüge; drei Arbeitskreise: Heimatmuseum, Friedhofsinventarisierung bei St. Magdalena in Fürstenfeldbruck, Vor- und Frühgeschichte
10. -
11. Brucker Blätter 1990 (erschienen 1991) und 1992 (erschienen 1992)
12. -
13. -
14. -
15. -

Fürth

1. **Alt-Fürth, Verein für Geschichte und Heimatforschung e. V.**
2. Erforschung der Geschichte Fürths und seines Umlandes, Vermittlung geschichtlicher Kenntnisse, Förderung der Heimatpflege
3. Geschäftsstelle, Schloßhof 12, 90768 Fürth
4. Dr. Helmut Richter, Schloßhof 82, 90768 Erlangen
5. Dr. Walter Fischer, Friedrich-Ebert-Str. 16, 90768 Fürth
6. 20.02.1933
7. 01.01.1984
8. 1000
9. Jährlich 8 Vorträge, 3-4 Exkursionen, ein historisches Suppenessen
10. Fürther Heimatblätter, Neue Folge 1 (1951) - 42 (1992)

11. Fürther Beiträge zur Geschichte und Heimatkunde, 1, 1941 - 6, 1989
12. -
13. -
14. -
15. Wilhelm Kleppmann, 50 Jahre Alt-Fürth, in: Fürther Heimatblätter 33 (1983)

Füssen

1. **Historischer Verein Alt Füssen e. V**
2. Förderung des Verständnisses für die Geschichte und heimische Kultur Füssens und seiner Umgebung; Einsatz für die denkmalpflegerische Erhaltung und Gestaltung des Stadtbildes und der Füssener Baudenkmale; Unterstützung aller Bestrebungen, die Natur und Kulturlandschaft des Füssener Landes zu erhalten
3. Studienrat Reinhold Böhm, Gabelschrofenweg 5, 87629 Füssen
4. Wie 3.
5. Magnus Peresson, Hintere Gasse, 87629 Füssen
6. 05.08.1918
7. 1983
8. 604
9. Allmonatlich eine Vortragsveranstaltung; drei Kulturfahrten jährlich (3-Tages-, Tages-, Halbtagesfahrt); Stadtführungen; Referate und Vorträge bei Vereinen, im Rahmen des städt. Kurprogramms
10. Jahrbuch Alt Füssen, Neue Folge Bd. 1 (1975) - Bd. 16 (1992); Zeitungsbeilage Alt Füssen, Alte Folge 1. Beilage 1. Jg. 1925 - 23. Jg. 1964; Zeitungsbeilage Heimatchronik für den Kreis Füssen, 1. Heimatchronik 24. Jg. 1965 - 30. Jg. 1973
11. -
12. Reinhold Böhm, Der Füssener Totentanz und das Fortwirken der Totentanzidee im Ostallgäu und Außerferner Raum, Füssen 3, 1990; ders., Der Totentanz des Hans Bendel (1814-1853), Füssen 1991; ders., Füssen - Wesenszüge einer 700-jährigen Stadt, Stuttgart 1992; Angelika und Reinhold Böhm, Der Füssener Kalvarienberg (1837-1985), Füssen 1988; Reinhold Böhm, Alt Füssen auf Stichen, Gemälden und Plänen des 16. bis frühen 20. Jahrhunderts, Füssen, 1988; Cilly Kahle und Reinhold Böhm, Altfüssener Bilderbuch, Füssen, 1979
13. -
14. -
15. -

Gaden

1. **Heimatverein Gaden e. V.**
2. Erhaltung und Förderung des volkstümlichen Brauchtums
3. -
4. Anton Eicher, Eittinger Str. 13, 85459 Gaden
5. Olga Kappler, Forststr. 6, 85459 Gaden
6. 28.12.1978
7. 03.05.1979
8. 120
9. Bauerntheater oder Heimatabend, Vereinsausflüge, Sonnwendfeier, Theaterbesuche, Jugendarbeit, Volkstänze, Schuhplatteln
10. -
11. -
12. -
13. -
14. Feldkreuze
15. -

Gangkofen

1. **Historische Interessengemeinschaft Gangkofen e. V.**
2. Geschichtliche und heimatkundliche Erforschung des Marktes Gangkofen und seiner Umgebung; Wecken des Verständnisses für die Geschichte und Kultur unserer Heimat; Erhaltung und Pflege der heimatlichen Kulturgüter
3. Thomas Kerscher, Hofwimm 1, 84140 Gangkofen
4. Wie 3.
5. Helmut Schmidt, Sallinger Weg 1, 84140 Gangkofen
6. 02.10.1961
7. 31.10.1968
8. 60
9. Referate anläßlich der Generalversammlung; gemeinsamer Besuch von Ausstellungen
10. -
11. -
12. -
13. Sammlung an heimatkundlichen Gegenständen wurde ständigen Ausstellungen zur Verfügung gestellt
14. -

15. Rainer Hermann, Historische Interessengemeinschaft Gangkofen e. V. 1961-1981, Eine Dokumentation, Gangkofen, 1981

Garching a. d. Alz

1. **Heimatbund Garching an der Alz e. V.**
2. Erforschung der Geschichte der Gemeinde Garching
3. Heimatbund Garching an der Alz, z. Hd. Fritz Demmel, Mooshuber Str. 5, 84518 Garching/Alz
4. Richard Demmel, Mooshuber Str. 5, 84518 Garching/Alz
5. Josef Schrankl, Wiesenweg 8, 84518 Garching 2
6. 25.04.1953
7. 25.11.1986
8. 231
9. Jährlich ca. 10 Veranstaltungen, davon 2 Exkursionen zu Ausstellungen, 2 musikalische Veranstaltungen (Maiandacht und Singstunde zu Themenkreis), eine Radwanderung, Diavorträge
10. -
11. In Verbindung mit den Heimatvereinen im Landkreis Altötting: Oettinger Land I (1981) bzw. XI (1991)
12. -
13. Heimatkundliche Sammlung - Schwerpunkt Vor- und Frühgeschichte
14. Historische Schmiede in Birnbaum bei Halsbach
15. -

Garmisch-Partenkirchen

1. **Verein für Geschichte, Kunst- und Kulturgeschichte im Landkreis Garmisch-Partenkirchen**
2. Pflege und Erforschung von Geschichte, Kunst- und Kulturgeschichte im Landkreis Garmisch-Partenkirchen
3. -
4. Dipl.-Kaufmann Josef Ostler, Fürstenstr. 18, 82467 Garmisch-Partenkirchen
5. Prof. Dr. Heinz Schelle, Münchner Straße 1, 82496 Oberau
6. März 91
7. März 91
8. 83

9. Ca. 5 Referate, ca. 3 Exkursionen, daneben dreimal im Jahr Informationsblätter
10. -
11. Geplant (erster Band soll Mitte 93 erscheinen)
12. Mitwirkung beim Goldenen Land'l, Beilage des Garmisch-Partenkirchner Tagblatts
13. In Planung
14. -
15. -

Gelting

1. **Brauchtumsgruppe Gelting e.V.**
2. Pflege und Schutz der natürlichen und geschichtlich gewordenen Eigenart der regionalen Heimat in Zusammenarbeit mit der Gemeinde Gelting sowie den örtlichen Vereinen
3. -
4. Albert Holzer, Alpenblick 4, 82538 Geretsried
5. Siegfried Berger, Loisachweg 9, 82538 Geretsried
6. 22.06.1975
7. 1975
8. 188
9. Volksmusikgruppen/-Kurse, Volksliedersingen
10. -
11. -
12. -
13. Materialien zum Volkstheater, Heimatbücher
14. Theatersaal
15. -

Gemünden

1. **Historischer Verein Gemünden am Main und Umgebung**
2. Verständnis wecken für fränkische Geschichte und Kunst, für Denkmalpflege und Volkskunde sowie tätig werden für das heimische Brauchtum
3. -
4. Ludwig Kaiser, Sudetenstr. 19, 97737 Gemünden
5. Alfred Nickel, Ostring 26, 97737 Gemünden

6. 24.03.1983
7. 24.03.1983
8. 110
9. 4-5 Vorträge, 5-6 Exkursionen/Studienfahrten
10. -
11. Geschichtsbändchen, Heft 1, 1988 - Heft 4, 1992
12. -
13. Ca. 200 Bücher, ca. 400 Fotos (alte Ansichten)
14. -
15. -

Gerolzhofen

1. **Historischer Verein Gerolzhofen e. V.**
2. Der Verein bezweckt die Förderung von Verständnis und Pflege fränkischer Geschichte, Kunst, Volkskunde und Landeskunde, insbesondere durch die Erhaltung und den Ausbau des Museums "Altes Rathaus" in Gerolzhofen und seiner Sammlungen, durch die Pflege des Stadtbildes und die Erhaltung der Kulturdenkmale in Gerolzhofen und in seinem Umland und durch die Mithilfe bei der Erforschung der Geschichte von Stadt und Umland
3. Martin Frey, Erlesmarter 20, 97447 Gerolzhofen
4. Wie 3.
5. Maria Pfrang, Saarstr. 21, 97447 Gerolzhofen
6. 10.02.1981
7. 24.09.1981
8. 201
9. 5 Referate, 5 Exkursionen Archivarbeit, Bilderquiz
10. -
11. des geroldeshova, 1. Bd., 1988 - 2. Bd., 1990
12. -
13. -
14. -
15. -

Glonn

1. **Kultur- und Verschönerungsverein Markt Glonn e. V.**

2. Pflege des heimatlichen Kulturgutes; Darstellung und Erforschung unseres geschichtlichen Lebensraumes; Aufbau und Betrieb des Heimatmuseums; Verschönerung des Ortes
3. -
4. Franz Emmerig, Reinstorf 4a, 85625 Glonn
5. Georg Reupold, Am Schmiedberg 9, 85625 Glonn
6. 20.09.1887
7. 19.11.1985
8. 170
9. Vorträge; Ausstellungen (Maler, Trachten, Handwerk); Lesungen; Tanzveranstaltungen; Unterhalt von Sitzbänken usw.
10. -
11. -
12. -
13. Bestand des Heimatmuseums sowie Bilder und Literatur zur Ortsgeschichte; Literatur
14. Heimatmuseum
15. -

Gmund

1. **Heimatfreunde Gmund e. V.**
2. Forschung und Darstellung der Geschichte des Ortes Gmund und Umgebung; Erhaltung des Kulturgutes; Schutz der Denkmäler; Pflege der Heimat, des Brauchtums, der Mundarten, des Volksliedes und des heimatlichen Schrifttums; Schutz der Natur
3. Heimatfreunde Gmund am Tegernsee e. V., Kaltenbrunner Str. 6, 83703 Gmund
4. Waldemar Rausch, Kaltenbrunner Str. 6, 83703 Gmund am Tegernsee
5. Ludwig Schuller, Holzeralmweg, 83703 Gmund am Tegernsee
6. 03.04.1989
7. 14.12.1989
8. 57
9. Arbeitskreis "Ortschronik", Ausstellungen: Frauengeneration zwischen Butterfaß und Computer; Krippen
10. Gmunder Hefte, Nr. 1 (1991) - Nr. 4 (1993)
11. -
12. Bildband "Gmund in alten Ansichten" 1991
13. -

14. Das ehemalige Jägerhaus vom "Wilden Jager" ist von der Gemeinde erworben worden und soll als Heimathaus den "Heimatfreunden Gmund" zur Verfügung gestellt werden
15. -

Goldbach

1. **Geschichts- und Heimatverein Goldbach e. V.**
2. Erforschung der Heimatgeschichte; Sicherung und Bewahrung historischer Dokumente und Unterlagen der Heimat vor Vernichtung, Verunstaltung und Abwanderung; historische und heimatkundliche Veröffentlichungen; Veranstaltung von Vorträgen, Besichtigungen, Ausstellungen, Dia- und Filmabenden; Vermittlung des Heimat- und Kulturverständnisses
3. -
4. Hugo Karpf, Sudetenlandstr. 39, 63773 Goldbach
5. Franz Morhard, Buschgrund 16, 63773 Goldbach
6. 28.06.1991
7. 28.06.1991
8. 54
9. Monatliche Gesprächsrunde; Fotoausstellung
10. -
11. -
12. -
13. Fotosammlung (im Aufbau)
14. -
15. -

Grafing

1. **Arbeitsgemeinschaft für Heimatkunde e. V. Grafing**
2. Förderung der Volksbildung in den Gebieten der Heimatkunde, Erdkunde und Geschichte, vor allem in Oberbayern
3. -
4. Dr. Rolf Klinger, Dobelweg 16, 85567 Grafing
5. Hans Hupfer, Riemerschmidstr. 8, 85567 Grafing
6. 1951
7. 27.08.1984

8. 183
9. Referate, Exkursionen, Führungen (Städte, Museen, Landschaften)
10. -
11. Grafinger Heimatkundliche Schriften Nr. 1, 1952 - Nr. 10, 1984
12. Hupfer, Dorfchronik 600 Jahre Eisendorf, 1983; Grundler-Ametsbichler, Die Gemeinde Nettelkofen, eine kurzgefaßte Chronik, 1978
13. Bücher- und Bildersammlung
14. Betreuung des Heimatmuseums Grafing
15. -

Grainau

1. **"Bär und Lilie". Verein zur Erforschung und Erhaltung der Grainauer Ortsgeschichte e. V.**
2. Der Verein hat den Zweck, Geschichte und Brauchtum von Grainau zu erforschen, sie in geeigneter Form aufzubereiten und der Öffentlichkeit, insbesondere den Grainauer Bürgern, zugänglich zu machen. Das besondere Ziel dabei ist, die Ortsgeschichte lebendig zu erhalten, um damit eine engere Bindung an den Heimatort Grainau zu fördern
3. Peter Schwarz, Kreuzeckweg 18, 82491 Grainau
4. Wie 3.
5. Karl Buchwieser, Zugspitzstr. 7, 82491 Grainau
6. 23.01.1986
7. 30.03.1990
8. 86
9. "Hoagartn" einmal oder zweimal jährlich (geschichtliche Themen, Brauchtum, Kunstgeschichte), Vereinsausflug einmal jährlich (jede Fahrt mit Bezug auf Grainau), Arbeitkreis Urkunden- und Dokumentensammlung, Arbeitskreis Flurnamensammlung, Vorträge, Dia-Vorträge (Themen z.B. Zugspitzbahnjubiläum, Bergbau, alte Grainauer Ortsentwicklung, zeitgeschichtliche Themen), Schularbeit (Brauchtumsweitergabe: Palmbuschenbinden, Wetterkerzen, Maibaum, Klöpflen)
10. Vereinszeitschrift "Groana" erscheint in unregelmäßigen Abständen einmal oder zweimal jährlich, Nr. 1 (1986) - Nr. 10 (1992)
11. -
12. "Grainau - wie's früher war", Bild-Text-Band über Grainau, 1992

13. Quellen-, Literatur- und Fotosammlung, zeitgeschichtliche Sammlung (nicht öffentlich), Sammlung bäuerlicher, handwerklicher oder sonstiger Gebrauchsgeräte und Kunstgegenstände
14. -
15. -

Grassau

1. **Verein für Industrie- und Technikgeschichte im südl. Chiemgau e. V.**
2. Geschichte und Bedeutung ehemaliger Industrieanlagen im südlichen Chiemgau erforschen, darstellen sowie deren Gebäude und Anlagen zu erhalten und sinnvoll zu nutzen.
3. -
4. Claus-Dieter Hotz, Samerweg 8, 83224 Grassau
5. Ludwig Harbotte, Siegsdorfer-Str. 10, 83224 Vachendorf
6. Juli 1989
7. Okt. 1989
8. 52
9. Führungen durch verschiedene Industrieanlagen
10. -
11. -
12. -
13. -
14. Maxhütte Bergen; Torfbahnhof Rottau
15. -

Großostheim

1. **Geschichtsverein Bachgau Großostheim**
2. Die Erforschung aller Bereich der Geschichte Großostheims und des gesamten Bachgauer; Sicherung aller historischen, kultureller und künstlerischer Denkmäler und Dokumente der Heimat vor Vernichtung, Verunstaltung und Abwanderung; Weckung und Hebung des Verständnisses für Geschichte und Kunst in der Öffentlichkeit
3. Karlheinz Ostheimer, Aschaffenburger Str. 29a, 63762 Großostheim
4. Ewald Lang, Stettiner Str. 6, 63762 Großostheim
5. Egon Hock, Pestalozzistr. 10, 63762 Großostheim

6. 1949
7. 05.03.1976
8. 179
9. Ein bis zwei Vorträge im Jahr mit geschichtlichen Themen; unregelmäßig stattfindende Sonderausstellungen im Bachgaumuseum Großostheim
10. -
11. Familienbuch Kehrer (1690-1832), = Der Bachgau Bd. 1, 1990; Mundartbuch "Äisdmerisch Gebabbel", Bd. 1 - Bd. 3, 1992
12. -
13. Heimatkundliche Sammlung im Bachgaumuseum Großostheim
14. Bachgaumuseum Großostheim
15. -

Günzburg

1. **Historischer Verein Günzburg e. V.**
2. Förderung von Wissenschaft und Forschung, Kunst, Kultur, Denkmalpflege und Heimatpflege in Stadt und Landkreis Günzburg
3. -
4. Heimatpfleger Josef Weizenegger, Sophienstraße 3, 89312 Günzburg
5. Oberbürgermeister Dr. Rudolf Köppler, Rathaus, 89312 Günzburg
6. 1902
7. 02.04.1990
8. 800
9. Vorträge, Fahrten, Ausstellungen, Führungen, Museumsbetreuung, Herausgabe heimatkundlicher Schriften, Ausgrabungshilfen
10. -
11. Schriftenreihe für den Landkreis Günzburg, 1. Bd., 1969 - 31. Bd., 1991
12. -
13. Im Heimatmuseum Günzburg: Bilder, Bücher, Münzen, Möbel, paläologische Sammlung, vor- und frühgeschichtliche Sammlung, besonders aus dem römischen Kastell Guntia
14. Nachbau eines Grabtempels aus der römischen Zeit
15. Armin Stroh, Katalog Günzburg, Kelmünz 1952; Kastelljubiläum 1977 (Günzburger Heft Nr. 10), Verlag Konrad Weißenhorn 1977

Gunzenhausen

1. **Verein für Heimatkunde e. V. Gunzenhausen**
2. Förderung der Heimatkunde durch Forschung. Belehrung auf wissenschaftlicher Grundlage durch Herausgabe heimatkundlichen Schrifttums ("Alt-Gunzenhausen"), Vorträge, Studienfahrten, Zusammenarbeit mit Vereinigungen ähnlicher Zielsetzung, Aufbau und Pflege einer heimatgeschichtlichen Bibliothek
3. -
4. Heinrich Krauss, M. A., Sonnenstr. 8, 91710 Gunzenhausen
5. Werner Falk, Weinbergstr. 29, 91710 Gunzenhausen
6. 18.09.1879 (als Verein von Altertumsfreunden)
7. 1984
8. 270
9. 4-5 Referate (Vorträge heimatkundlicher, -geschichtlicher Art), 4-5 Studienfahrten (z.B. Speyer, Sachsen, Thürigen (Wartburg, Erfurt), Baden-Württemberg, Bayern) eintägig
10. -
11. Alt-Gunzenhausen 1. Heft, 1923 - 46. Heft, 1991
12. -
13. Kleine heimatgeschichtliche Bibliothek (ca. 560 Bücher, 60 Zeitschriften), zugänglich im Stadtarchiv
14. -
15. Wilhelm Lux, 100 Jahre Verein für Heimatkunde Gunzenhausen, in: Alt-Gunzenhausen 38, 1979, S. 8-16

Haag

1. **Geschichtsverein Reichsgrafschaft Haag e. V.**
2. Geschichtsforschung für den Bereich der Grafschaft Haag, Erhaltung und Pflege kulturhistorischen Erbes, Führung eines Museums, Führung eines Archives, Betreuung und Nutzung einer Burganlage, Förderung traditionellen haagischen Brauchtums
3. Rudolf Münch, Tannenstr. 24, 83527 Haag
4. Wie 3.
5. Gerhard Kramer, Kirchdorferstr. 16, 83527 Haag
6. 17.11.1978
7. 10.06.1991
8. 200

9. Im Jahr 11 Vortragsabende mit Referaten über Kultur und Geschichte; einmal im Jahr Klausurtagung der Aktiven; 2 Busausflüge; eine Wanderung zu historischen Stätten. Arbeitskreise: Forschung, Archiv, Burgvogtei, Museumsleitung, Chronik, Trachtenpflege, Archäologie, Reiseleitung, Heimatpflege, historische Musik
10. -
11. -
12. Kunstführer durch die Grafschaft Haag, 1982; Burgen und Edelsitze der Haager Geschichte, 1984; Rädelsführer und Rebellen, 1983; Das Große Buch der Grafschaft Haag, Bd. V
13. Sammlung (Museumsfundus) zur Haager Geschichte und zur Geschichte der Grafschaft Haag; zugänglich nach Vereinbarung. Archivar: Rudolf Münch, Tannenstr. 24, 83527 Haag
14. Der Verein betreibt das Museum des Haager Landes im Schloßturm der Haager Burg. Von der Burganlage werden die zwei Bergfriede vom Geschichtsverein betreut
15. Fünfbändige Vereinschronik

Haig im Frankenwald

1. **Heimat- und Trachtenverein Haig im Frankenwald e. V.**
2. Pflege und Förderung des heimatlichen Brauchtums, des Volkstanzes, der Volksmusik sowie Pflege und Erhaltung bodenständiger Tracht; Förderung der Jugendarbeit
3. -
4. Manfred Däumer, Hofhausring 15, 96342 Stockheim-Haig
5. Gerhard Gebhardt, Nalserstr. 27, 96317 Kronach-Gundelsdorf
6. 09.03.1969
7. 29.07.1983
8. 150
9. Arbeitskreise; Ausstellungen; Exkursionen; Volkstänze und -musik; fränkischer Heimatabend, Adventssingen
10. -
11. -
12. Baptist Detsch und Manfred Däumer, Festschrift zum Oberfränkischen Trachtenfest in Haig, Kronach 1989
13. Fotoalbum über das Vereinsgeschehen
14. Betreuung der denkmalgeschützen Dorflinde; Trachtenstube in der ehemaligen Schule
15. Festschrift zum Oberfränkischen Trachtenfest 1989 in Haig

Heideck

1. **Arbeitskreis Heimatkundliche Sammlung Heideck e. V.**
2. Materielle Zeugnisse und Informationen über Geschichte des Heidecker Landes und seiner Menschen sammeln, bewahren und der Öffentlichkeit zugänglich machen; Betreuung der heimatkundlichen Sammlung; Weiterbildung der Mitglieder und anderer Interessierter; Veröffentlichungen zu Sammlungsthemen oder zur Heimatgeschichte
3. -
4. Studienrat Georg Schultheiß, Am Offenbrunn 47, 91180 Heideck
5. Irene Welzenbach, Schloßberger Str. 8, 91180 Heideck
6. 11.03.1986
7. 11.03.1986
8. 54
9. Ausstellungen, 3 Exkursionen, Bildungsveranstaltungen, ca. 10 Museums-, Stadt- und Kirchenführungen
10. -
11. Kleine Reihe zur Heimatgeschichte, Bd. 1, 1986 - Bd. 3, 1990
12. -
13. Heimatkundliche Sammlung (Landwirtschaft, Handwerk, Haushalt, Ortsgeschichte) - ca. 4000 Exponate - jeweils einige Themen im Museum ausgestellt; Fotoarchiv, zum Teil Originale, zum Teil selbst gefertigte Repros, die jeweils passend zu den Ausstellungsthemen zugänglich sind.
Kontakt: 1. Vorsitzender Georg Schultheiß
14. Der Verein betreut die heimatkundliche Sammlung, die vom März bis Oktober sonntags jeweils von 14 bis 16 Uhr geöffnet ist; außerdem noch das KiD (Kultur im Depot), einige Depoträume und einen Vortrags- und Versammlungsraum, in dem die Bildungsveranstaltungen stattfinden und in dem Schulklassen betreut werden können
15. -

Heidenheim

1. **Heimat- und Verschönerungsverein Heidenheim**
2. Pflege der Heimatliebe und der Heimatkunde, Erhaltung der Volksbräuche, aktive Pflege der Denkmäler in Natur, Geschichte und Kunst. Betreuung der Wanderwege. Verschönerung des Ortsbildes
3. -

4. Dipl. Ing. (FH) Hans Feller, Stelzergasse 1, 91719 Heidenheim
5. Helmut Hörner, Krankenhausstr. 3, 91719 Heidenheim
6. 1902
7. 06.02.1977
8. 150
9. Jährlich ein Heimatabend, eine eintägige Exkursion, ca. 5 Auftritte der Trachten-Tanzgruppe, ca. 5 Museumsführungen
10. -
11. -
12. Jährlich ein bis zwei Einzelveröffentlichungen in der Tageszeitung
13. Heimatmuseum Heidenheim, ca. 80 % der Exponate im Vereinsbesitz
14. Träger des Heimatmuseums, Betreuung der Außenanlagen mit Schutzhütte an den "Sieben Quellen", ca. 1000 qm großes Freigelände am "Hain des Friedens"
15. Julius Andreae, Geschichte der Marktgemeinde Heidenheim, Heidenheim 1969, S. 85

Heilsbronn

1. **Heimatverein Heilsbronn e. V.**
2. Förderung der Heimatpflege und Heimatkunde durch Erforschung der Geschichte Heilsbronns und seiner Umgebung, Erhaltung, Schutz und Pflege des heimatlichen Brauchtums, alter Überlieferungen und Sammlungen, beratende Mitwirkung bei der Durchführung von Verschönerungen und Verbesserungen des Ortsbildes oder einzelner Teilbereiche
3. -
4. Rudolf Hake, Welterndorfer Str. 14, 91560 Heilsbronn
5. Heinz Schmutterer, Rosenstr. 13, 91560 Heilsbronn
6. 09.06.1891
7. 16.03.1985
8. 410
9. Heimatliche Fahrten, Stadt- und Münsterführungen, Wegmarkierungen; Planung: Gartenarchitektorische Umgestaltung des ehemaligen Kreuzgangbereichs mit Aufstellung eines Dreischalen-Brunnens sowie evtl. Neugründung eines Heimatmuseums
10. -
11. -
12. Heft zum 100. Vereinsjubiläum 1991
13. Büchersammlung; Reste des ehemaligen Heimatmuseums (1905 -1945) im Konventshaus - Dachgeschoß
14. Museum
15. Heft zum 100. Vereinsjubiläum 1991

Heimbuchenthal

1. **Heimat- und Geschichtsverein Heimbuchenthal e. V.**
2. Heimatpflege, Volkskunde und heimatgeschichtliche Forschung
3. Geschichtsverein Heimbuchenthal, Rathaus, 63872 Heimbuchenthal
4. Manfred Aulbach, Thönstr. 8, 63853 Mömlingen
5. Karlheinz Bachmann, Neuer Weg 15, 63875 Mespelbrunn 2
6. 04.05.1980
7. 04.05.1980
8. 45
9. Heimatkundliche Exkursionen (ein- bis zweimal pro Jahr), Krippenausstellung, Kunsthandwerk
10. -
11. -
12. Chronik (1982): Heimbuchenthaler Geschichtsbuch, St. Martin, Geschichte einer Pfarrei (1971 vor Vereinsgründung); Der Höllenturm im Spessart 1980 und 1987 (Sagen und Anekdoten). Mundartsammlung, Reproduktion und Kommentierung alter Schriften
13. Bildersammlung, Artikel-/Textsammlung, alte Gerätschaften
14. Flurdenkmäler und Bildstöcke
15. -

Helmbrechts

1. **Verein Oberfränkisches Textilmuseum Helmbrechts e. V.**
2. Mithilfe bei Betrieb und Unterhaltung des Oberfränkischen Textilmuseums; Förderung und Pflege der Heimatforschung und des Heimatgedankens; Mitwirkung an Weiterentwicklung und Vervollständigung des Museums; Ergänzung und Mehrung des Bestandes; Werbung von Mitgliedern und Förderern; Aufruf zu Stiftungen; Herstellung von Kontakten zu anderen Museen und Sammlungen
3. Heinz König, Postfach 1209, 95233 Helmbrechts
4. Otto Knopf, Friedhofstr. 2, 95233 Helmbrechts
5. Erich Zuleeg, 95233 Helmbrechts
6. 24.06.1992
7. 24.06.1992

8. 76
9. Sonderausstellungen, Wanderungen, Vorträge, Diavorträge, kunsthandwerkliche Kurse
10. -
11. Reihe: Schüler und Museum, Bd. 1, 1992
12. -
13. Oberfränkisches Textilmuseum Helmbrechts mit Firmenarchiven (im Haus); Archivalien zur Stadtgeschichte; Sammlung von Literatur zur oberfränkischen Textilgeschichte im Aufbau
14. Museum
15. -

Heroldsberg

1. **Kulturfreunde Heroldsberg e. V.**
2. Pflege kultureller Belange: Denkmalpflege, kulturelle und gesellschaftliche Veranstaltungen, Veranstaltungen zur Wiederbelebung von Traditionen; Publikationen zur Ortsgeschichte
3. Eberhard Brunel-Geuder, Obere Bergstr. 6, 90562 Heroldsberg
4. Wie 3.
5. Dr. Fritz Sörgel, Am Bühl 24 b, 90562 Heroldsberg
6. 19.04.1991
7. 09.12.1991
8. 220
9. 2 Theatervorstellungen, 6 Konzerte, Ausstellung, einmal Kindertheater, 2 Lichtbildervorträge, 2 Kabarettveranstaltungen, Brotbacken in historischen Backöfen
10. Jährliche Herausgabe eines eigenen Kunstkalenders mit Bildern der Ortschaft
11. -
12. E. Bunel-Gruder, Heroldsberg, Geschichte einer Marktgemeinde, 1990
13. -
14. Restaurierung eines denkmalgeschützten Backhauses von 1822
15. -

Herzogenaurach

1. **Heimatverein Herzogenaurach, Verein für Heimatschutz und Heimatpflege e. V.**
2. Pflege und Förderung alle Zweige der Heimat- und Volkskunde und des Heimatschutzes
3. Klaus-Peter Gäbelein, Höchstadter Weg 11, 91074 Herzogenaurach
4. Wie 3.
5. Stephan Wirth, Hauptstraße 36, 91074 Herzogenaurach
6. 02.04.1906
7. 20.01.1983 beschlossen, notariell 01.02.1983 beurkundet
8. 430
9. Monatliche Vorträge; 2 ganztätige Studienfahrten pro Jahr; Fränkische Abende mit Mundart und Volksmusik; historische Wanderungen; monatliche Stadtführungen; Betreuung des Stadtmuseums (Wiedereröffnung 1994/95); Gesprächskreis "So war es früher in Herzogenaurach"; Krippenausstellung in der Vorweihnachtszeit
10. -
11. -
12. Walter Siegismund, Krankheiten und Heilkunde in alten Zeiten - Episoden aus der Geschichte des Gesundheits- und Armenwesens der Stadt Herzogenaurach, Herzogenaurach, 1992; Mitverantwortlich für das "Heimatblatt Herzogenaurach", erscheint unregelmäßig mehrmals im Jahr
13. Betreuung des Stadtmuseums (Wiedereröffnung 1994/95)
14. Historisches Gebäude "Steinweg 5" (aus der 2. Hälfte des 15. Jahrhunderts) mit Versammlungsraum und Ausstellungsräumen des Stadtmuseums
15. Klaus-Peter Gäbelein, 80 Jahre Heimatverein Herzogenaurach. Festvortrag zur 80-Jahr Feier, 1986 (im Archiv des Vereins)

Hindelang

1. **Heimatdienst Hindelang e. V.**
2. Pflege und Betreuung von Heimatkunde, Heimatpflege und Heimatgeschichte der Marktgemeinde Hindelang durch Forschungsarbeiten, Vorträge, Führungen, Ausstellungen, Sammeln historischer Gegenstände zu Ausstellungszwecken und Fahrten
3. Helmut Blanz, Pass-Str. 20, 87541 Oberjoch
4. Wie 3.
5. Dr. Wolfgang Hafner, Jahnstr. 16, 87541 Oberjoch

6. 1949
7. 09.11.1990
8. 280
9. Ausstellungen zu Kunst, Brauchtum und Denkmalpflege zum Ostrachtal
10. -
11. -
12. -
13. Bilder-, Bücher- und Realiensammlung
14. Alte Schmiede im Freigelände
15. -

Höchstadt/Aisch

1. **Heimat- und Verschönerungsverein Höchstadt an der Aisch und Umgebung, Verein zur Förderung der Heimatpflege, Geschichtsforschung, Kunst und Kultur e. V.**
2. Förderung und Pflege aller Zweige der Heimat- und Volkskunde, von Kunst, Kultur und Heimatforschung; Betreuung des Heimatmuseums der Stadt Höchstadt; Herausgabe heimatkundlicher Veröffentlichungen
3. Werner Baier, T.-Riemenschneider-Str. 11, 91315 Höchstadt/Aisch
4. Hermann Bauer, Richard-Strauß-Str. 10, 91315 Höchstadt/Aisch
5. Georg Römer, Treibweg 19, 91315 Höchstadt/Aisch
6. 24.09.1885
7. 01.11.1992
8. 250
9. 10 Referate, 5 Exkursionen, 5 Ausstellungen, 3 Arbeitskreise, 2 Volkstanzkurse, Theater im Aufbau, 5 Konzerte
10. -
11. Höchstadter Bausteine; Epple, Bauernkrieg im Aischtal, 1987; ders., Reformation im Aischtal, 1988; Feuerlein und Epple, Altstraßen um Höchstadt, 1989; Schochel, Flurdenkmäler um Höchstadt, 1988; Feuerlein, Junsteinzeit in Höchstadt und Umgebung, 1993; seit fünf Jahren jährliche Ergänzung einer Leseblattsammlung
12. -
13. -
14. Stadtarchiv und Stadtmuseum
15. -

Hof

1. **Fichtelgebirgsverein e. V.**
2. Zweck des Vereins ist es, die Liebe zur Heimat und das Verständnis für die Eigentümlichkeiten des Fichtelgebirges und seiner Bewohner zu wecken, Heimatkunde und Brauchtum zu pflegen, das Wandern zu fördern und die Natur vor störenden Eingriffen zu schützen, um sie dem Menschen zu Erholung, Erbauung und Kraftsammlung zu erhalten. Dabei kommt den Belangen des Umwelt- und Naturschutzes sowie der Landschaftspflege vorrangige Bedeutung zu
3. Hauptgeschäftsstelle, Auguststr. 6, 95028 Hof
4. Dr. Helmut Reinel, Martinsreuther Str. 62, 95032 Hof
5. Dr. Peter Seißer, Maximilianstr. 24, 95632 Wunsiedel
6. 16.12.1888
7. 01.05.1980
8. 20052
9. Kulturpreisverleihung beim Fichtelgebirgstag; Kulturtag; 3 volkskundliche Sammlungen
10. Der Siebenstern, Jg. 1 (1981) - Jg. 12 (1992)
11. H. F. Stock, Das Fichtelgebirge, Hefte 1-3
12. -
13. Bilder aus dem Vereinsgeschehen; Dia-Serien
14. Volkskundliche Sammlung Arzberg/Bergnersreuth; Freilichtmuseum Scherzenmühle; Schausteinbruch Häuselloh bei Selb
15. Gustav Schmidt, Die Geschichte des Fichtelgebirgsvereins, Selb, 1932 (Nachtrag 1935); Jubiläumsschrift 1988

Hof

1. **Nordoberfränkischer Verein für Natur-, Geschichts- und Landeskunde e. V. Hof/Saale**
2. Pflege des Natur-, Geschichts- und Heimatbewußtseins in Nordoberfranken. Förderung und Vermittlung natur- und landeskundlicher sowie heimatgeschichtlicher Forschungen
3. Stadtarchiv Hof, Unteres Tor 9, 95028 Hof
4. Dr. Axel Herrmann, Enoch-Widman-Str. 96, 95028 Hof
5. Karl Benker, Bergstr. 2, 95183 Töpen
6. 12.10.1891
7. 05.12.1983

8. 222
9. 7 - 10 Vorträge, 10 Kolloquien zur Stadt- und Regionalgeschichte, historisch ausgerichtete Exkursion, eine naturkundliche Exkursion
10. -
11. Bericht des Nordoberfränkischen Vereins für Natur-, Geschichts- und Landeskunde, Bd. 1, 1896 - Bd. 36, 1991
12. P.D.Longolius, Der widrige Einfluß der Höfischen Brände, Hof 1991, H. Weidner, Die Beziehungen zwischen Mensch und Insekten in Nordostoberfranken: Die nutzbaren Insekten, Hof 1990
13. Museale Sammlung: (seit 1900, 1909 der Stadt Hof übereignet) im "Museum Bayerisches Vogtland"; Bibliothek: Bestandteil der städtischen Archivbücherei
14. -
15. Festschrift zum 100jährigen Bestehen des Nordoberfränkischen Vereins für Natur-, Geschichts- und Landeskunde e. V. in Hof, 1991

Hohenaltheim

1. **Verein Rieser Kulturtage e. V.**
2. Förderung und Pflege der Kultur, der Geschichte und der Kunst im Ries; Erhaltung und Entwicklung des Kulturgutes im Ries; Veranstaltung der Rieser Kulturtage und Verleihung des Rieser Kulturpreises in zweijährigem Turnus
3. Schulstr. 5, 86745 Hohenaltheim
4. Dr. Wulf-Dietrich Kavasch, Schulstr. 5, 86745 Hohenaltheim
5. Anton Götz, Rektor, Schillerstr. 11, 86720 Nördlingen-Baldingen
Oberbürgermeister Paul Kling, Rathaus, 86720 Nördlingen
6. 10.05.1975
7. 14.02.1989
8. 750 sowie 40 Städte und Gemeinden
9. Rieser Kulturtage mit jeweils über 150 Einzelveranstaltungen (in zweijährigem Turnus); Verleihung des Rieser Kulturpreises (im Zwischenjahr); Herausgabe wertvoller Rieser Heimatliteratur
10. Dokumentation der Rieser Kulturtage, Bd. I (1977) - Bd. VIII (1991)
11. -
12. Seit Beginn des Vereins ca. 60 Einzeltitel
13. Archiv des Vereins Rieser Kulturtage (nicht öffentlich zugänglich)
14. -
15. Wulf-Dietrich Kavasch, Dokumentationsbände, in: Bayerische Staatszeitung Nr. 39 vom 27.09.1991

Hösbach

1. **Geschichtsverein Hösbach e. V.**
2. Förderung von Wissenschaft und Forschung, von Kunst, Kultur und Denkmalschutz
3. Günter Fuchs, v. Rodenhausenstr. 13, 63768 Hösbach
4. Wie 3.
5. Ernst Pfahler, Feldkahler Str. 25, 63768 Hösbach
6. 28.04.1987
7. 28.04.1987
8. 100
9. 2-3 Vorträge mit meist lokalgeschichtlicher Thematik; 2 Exkursionen im Bereich Untermain/Spessart und Kurfürstentum Mainz
10. -
11. -
12. -
13. -
14. -
15. -

Illertissen

1. **Verein für Heimatpflege Illertissen und Umgebung**
2. Pflege und Förderung der Heimatgeschichte
3. -
4. Egon Eberle, Spitalstr. 17a, 89257 Illertissen
5. Josef Gareis, Lehenstr. 1, 89257 Illertissen
6. 1970
7. 11.09.1970
8. 204
9. Referate, Ausstellungen und Exkursionen
10. Der Heimatfreund 1 (1979) - 5 (1991)
11. -
12. -
13. Heimatmuseum im Schloß Illertissen
14. -
15. Schefold, Führer durch das Heimatmuseum, 1929

Ingolstadt

1. **Historischer Verein Ingolstadt e. V.**
2. Weckung und Aufrechterhaltung des Interesses der Bevölkerung für die geschichtliche Vergangenheit der Stadt Ingolstadt und ihrer Umgebung einschließlich Verbreitung geschichtlicher Bildung, Sammlung von Denkmälern der Kunst, der Wissenschaft, des Brauchtums, des Rechts, der Sprache, der Religion und der Wirtschaft
3. Christian Dittmar, Zecklstraße 36, 85024 Ingolstadt
   Geschäftsstelle: Stadtarchiv Ingolstadt, Auf der Schanz 45, 85024 Ingolstadt
4. Dr. Siegfried Hofmann, Daucherstr. 10, 85024 Ingolstadt
5. Wilhelm Ernst, Odilostr. 4, 85024 Ingolstadt
6. 28.10.1865
7. 28.11.1974
8. 500
9. Vorträge, Exkursionen, Beteiligung an historischen Ausstellungen, Arbeitskreis Denkmalschutz, Städtebau und Stadtbildgestaltung, "Museums-Stammtisch" als Vereinigung von Freunden und Mitarbeitern des Historischen Stadtmuseums.
10. Sammelblatt des Historischen Vereins Ingolstadt 1 (1876) - 100 (1990)
11. -
12. -
13. Die Sammlungen des Vereins wurden 1925 in die Obhut der Stadt Ingolstadt übergeben
14. -
15. J. Reichart, 100 Jahre Historischer Verein Ingolstadt, in: 74. Sammelblatt des Historischen Vereins Ingolstadt, 1965, S. 5

Johannesberg

1. **Heimat- und Geschichtsverein Johannesberg**
2. Förderung von Wissenschaft und Forschung, von Kunst und Kultur, von Landschafts- und Denkmalschutz; Weckung und Pflege des Verständnisses für Geschichte und Kunst der engeren und weiteren Heimat; Erforschung der Heimatgeschichte; Bewahrung der geschichtlichen, künstlerischen und kulturellen Denkmäler aller Art vor Untergang, Verschleuderung, Verunstaltung und Abänderung; Unterstützung von Initiativen zur Renovierung und Neuerstellung von Denkmälern im Heimatbereich
3. -
4. Michael Rosner, 1. Bürgermeister, Johannesstr. 2, 63867 Johannesberg

5. Gerda Herzog, Hauptstr. 25, 63867 Johannesberg
6. 1985
7. 1985
8. 112
9. Fahrten; Museumsbesuche; Herausgabe eines Heimat- und Geschichtsblattes; Sammeln von Gegenständen; Schaffung eines Heimatmuseums
10. Heimat- und Geschichtsblatt, Jg. 1 (1986) - Jg. 7 (1992)
11. -
12. Chronik der Gemeinde Johannesberg
13. Fotosammlung; Gegenstände aus der Landwirtschaft aus dem früheren täglichen Gebrauch
14. -
15. -

Kahl am Main

1. **Arbeitskreis Heimatgeschichte Kahl am Main**
2. Überörtliche Heimatpflege. Aufbau einer heimatgeschichtlichen Sammlung (Urkunden, Schriften, Fotos, Gegenstände), Information der Öffentlichkeit durch Ausstellungen und Berichte
3. -
4. Joachim Brunswick, Friedhofstr. 6, 63796 Kahl am Main
5. Theo Hee, Friedhofstr. 32, 63796 Kahl am Main
6. 15.12.1980
7. 1982
8. 32
9. Ausstellungen zur Heimatgeschichte (ca. 2 pro Jahr), Beratung der Gemeinde Kahl am Main bei verschiedenen Aktivitäten mit heimatkundlichem Bezug (z. B. Ortskernsanierung, Buchveröffentlichung, usw.)
10. -
11. -
12. -
13. Heimatkundliche Schriftensammlung (ca. 400 Einzeltitel), volkskundliche Gegenstände (noch unsortiert), Bilder und Fotosammlung (ca. 2000 Exemplare)
14. -
15. -

Karlstadt

1. **Historischer Verein "Freunde der Geschichte Karlstadts und seines Umlandes" e. V.**
2. Erschließung der Geschichte Karlstadts und seines Umlandes; Anregung und Hinweise für alle Mitglieder zur Beschäftigung mit der Heimatgeschichte geben; Einsatz zum Schutz des historisch gewachsenen Bildes von Stadt und Umgebung
3. Georg Büttner, Brunnengasse 6, 97753 Karlstadt.
   Historischer Verein, Stadtgeschichtl. Museum, 97753 Karlstadt
4. Gustav Eichler, Beethovenstraße 24, 97753 Karlstadt
5. Werner Zapotetzky, Stationsweg 11, 97753 Karlstadt
6. 25.04.1972
7. 29.09.1983
8. 352
9. -
10. Jahresberichte, Nr. 1 (1979) - 13 (1991)
11. -
12. -
13. Bibliothek, Teil der Sammlung des stadtgeschichtlichen Museums
14. Stadtgeschichtliches Museum, Türmerstube am "Katzenturm", Roßmühle (im Aufbau)
15. -

Karlstein

1. **Geschichtsverein Karlstein**
2. Weckung des Verständnisses für Geschichte und Kunst; Förderung der Heimatgeschichtsforschung; Bewahrung der Kulturdenkmäler vor Untergang und Verunstaltung sowie Unterstützung für deren Renovierung und Neuerstellung
3. Rathaus Karlstein, 63791 Karlstein am Main
4. Helmut Winter, Vinzens-Rüfner-Str. 5, 63791 Karlstein am Main
5. Georg Hubert, Seligenstädter Str. 37, 63791 Karlstein am Main
6. 1977
7. 1978
8. 96
9. 2 Vorträge und 2 Exkursionen; eine Sonderausstellung; Karlsteiner Geschichtsblätter; Museumsbetreuung; Museums- und Kirchenführungen
10. -

11. Karlsteiner Geschichtsblätter, Bd. 1, 1979 - Bd. 6, 1991
12. Hans-Bernd Spieß und Helmut Winter (Hrsg), Die Schlacht bei Dettingen, Aschaffenburg 1993
13. Fotosammlung zur Ortsgeschichte von Dettingen und Großwelzheim
14. Museum Karlstein
15. -

Kaufbeuren

1. **Heimatverein Kaufbeuren e. V.**
2. Bewahrung der natürlichen und geschichtlich gewordenen Eigenart der Heimat; Schutz und Pflege der heimatlichen Natur, ihrer Tier- und Pflanzenwelt sowie der Boden-, Kunst- und Kulturdenkmale; Förderung der regionalgeschichtlichen und heimatkundlichen Forschung und Verbreitung ihrer Ergebnisse
3. Heimatverein Kaufbeuren e. V., Geschäftsstelle im Zollhäuschen, Kemptener Tor 1, 87600 Kaufbeuren
4. Studiendirektor Dr. Willi Engelschalk, Zum Grund 3, 87600 Kaufbeuren
5. Studiendirektor Albrecht Müßler, Gränzendorfer Straße 18, 87600 Kaufbeuren-Neugablonz
6. 29.04.1891
7. 31.07.1986
8. 1178
9. 10 Vortragsveranstaltungen, 2 Studienfahrten, 2 heimatkundliche Wanderungen, 2 Museumsbesuche, Volkstanzgruppe, frühgeschichtlicher Arbeitskreis; Arbeitsgemeinschaft Natur- und Umweltschutz
10. Kaufbeurer Geschichtsblätter, Bd. 1 Heft 1 (1952) - Bd. 13 Heft 13 (1993)
11. -
12. Sonderhefte zu den Kaufbeurer Geschichtsblättern (Heft 1-5)
13. Bücherei und Archiv mit heimatgeschichtlichem Schrifttum Müllergäßchen 4. Geöffnet nach Vereinbarung. Archivar: Egon Guggemos, Gränzendorfer Str. 31, 87600 Kaufbeuren-Neugablonz
14. -
15. Egon Guggemos, Vom Altertumsverein zum Heimatverein Kaufbeuren, in: Kaufbeurer Geschichtsblätter 10, (1984), S. 65; Willi Engelschalk, 100 Jahre Heimatverein Kaufbeuren, in: ebenda 12 (1991), S. 190

Kaufbeuren

1. **Wilhelm Heinrich Riehl - Dr. Christian Frank - Gedächtnisstifung**
2. Förderung der Heimatforschung im Sinne des Lebenswerk des Dr. Christian Frank
3. Meinrad Weikmann, Postfach 1250, 87572 Kaufbeuren
4. Prof. Dr. Walter Jaroschka, Generaldirektor der Staatl. Archive Bayerns, Postfach 22 11 52, 80501 München
5. -
6. 13.10.1944
7. 21.04.1944
8. -
9. -
10. Deutsche Gaue, Zeitschrift für Heimatforschung, Landes- und Volkskunde, Bd. 1 (1899) -59/60 (1978)
11. Bibliothek für Volks- und Heimatkunde, Sonderhefte zu Deutsche Gaue Heft 1, 1902 - Heft 137, 1943
12. -
13. Archiv für Landes- und Volkskunde, Soziologie und Kulturgeschichte mit angeschlossener wissenschaftlicher Fachbibliothek (ca. 55.000 Bände)
14. -
15. Friedrich Pfister, Das Heimatwerk in Kaufbeuren, Hessische Blätter für Volkskunde, Bd. XXV, 1926, S. 233 ff.; Meinrad Weikmann, Die Weilhelm-Heinrich Rihel - Dr. Christian Frank - Gedächtnisstiftung, in: Mitteilungen für Archivpflege in Bayern 2, 1956, S. 46 ff.

Kempten

1. **Heimatverein Kempten e. V. im Heimatbund Allgäu e. V.**
2. Schutz und Pflege der überkommenen heimatlichen Überlieferung in Wort und Schrift; Schutz und Pflege der Alläuer Natur, ihrer Tier- und Pflanzenwelt, der Boden-, Kultur- und Kunstdenkmale
3. Berg-Ingenieur Anton Joseph Keil, Amselweg 5, 87439 Kempten (Allgäu)
4. Wie 3.
5. Dipl. Kaufmann Peter Stenger, Am Bach 28, 87439 Kempten-Neuhausen
6. 09.05.1884
7. 22.11.1984
8. 621

9. 4 (kunst)historische Exkursionen und 9 Vorträge zusammen mit Allgemeinen Bürgerverein; historischer Arbeitskreis mit der Volkshochschule
10. Allgäuer Geschichtsfreund Nr. 1 (1888) - Nr. 16 (1903); NF 1 (1090) - Nr. 73 (1973)
11. -
12. -
13. -
14. Die sogenannten "Merkt'sch Haus- und Bürgertafeln"
15. -

Kirchanschöring

1. **Verein für Heimatpflege Kirchanschöring-Lampoding**
2. Erforschung und Pflege der Geschichte der Gemeine Kirchanschöring; Unterrichtung der Allgemeinheit über die geschichtliche Entwicklung und Förderung der Heimatkunde und Volksbildung
3. Franz Huber, Hof 1, 83417 Kirchanschöring
4. Wie 3.
5. Josef Brüderl, Hipflham, 83417 Kirchanschöring
6. November 1987
7. Wie 7.
8. 87
9. Exkursionen, Vorträge und Ausstellungen
10. -
11. -
12. In den vierteljährlich erscheinenden Gemeindemitteilungen und in der örtlichen Presse
13. Fotoarchiv der Gemeinde Kirchanschöring
14. -
15. Jährlich erscheinende Zeitschrift des Kreisheimatpflegers Dr. Soika, Landkreis Traunstein

Kirchzell

1. **Förderkreis Watterbacher Haus e. V.**

2. Erhaltung des historischen "Watterbacher Hauses" in Kirchzell, Ortsteil Preunschen, Förderung der Errichtung und des Betriebes eines land- und waldwirtschaftlichen Museums im "Watterbacher Haus"
3. Markt Kirchzell, Hauptstr. 19, 63931 Kirchzell
4. Albrecht Wörner, Hauptstr. 26, 63931 Kirchzell
5. Dr. Harald Textor, Schloßplatz, 63916 Amorbach
6. 02.07.1985
7. 02.07.1985
8. 78
9. -
10. -
11. -
12. -
13. Werkzeuge zur Waldbewirtschaftung, Jagdgeräte, Tierpräparate, Bilder und Schriftstücke
14. -
15. -

Kloster Veßra

1. **Hennebergisch-Fränkischer Geschichtsverein**
2. Förderung der landeskundlichen Forschung (Geschichte, Volkskunde, Geologie, Botanik, Literatur, Technik, Wirtschaft usw.) durch Darstellung der Forschungsergebnisse in Zusammenarbeit mit Museen, Archiven, Medien durch Ausstellungen, Publikationen, Vorträge usw.; aktive Beiträge (Gutachten, Anregungen, Beratung usw.) im Rahmen der Landes- und Städteplanung, der Erhaltung der Natur- und Kulturlandschaft in Sinne des § 29 des Bundesnaturschutzgesetzes, der Denkmalschutzgesetze und der Heimatpflege; durch Öffentlichkeits- und Bildungsarbeit mit Hilfe von Exkursionen, Wanderungen, Jugendarbeit und in Kontakt mit den Schulen
3. Hennebergisches Museum 98660 Kloster Veßra
4. Dr. Günther Wölfing, Windtal 8, 98634 Wasungen
5. Dr. Heinrich Wagner, Wiesenmühlenweg 3, 98634 Heustreu
6. 14.11.1832. Nach Verbot von 1945 Neugründung 11.03.1990
7. 08.09.1990
8. 305
9. Jährlich 2 Tagungen (davon eine mit Jahreshauptversammlung) und 2 Exkursionen, Arbeitskreise Ur- und Frühgeschichte, Hennebergische Geschichte, Sachsen-Meiningische Geschichte, Neueste Geschichte, Beratung von Ortschronisten

10. Jahrbuch des Hennebergisch-Fränkischen Geschichtsvereins (Nachfolger der Vereinszeitschriften seit 1834) Nr. 1, 1937 - Nr. 7, 1992
11. Sonderveröffentlichungen des Hennebergisch-Fränkischen Geschichtsvereins. Nr. 1, 1992 - Nr. 2, 1992
12. -
13. Archivaliensammlung des Vereins (534 Nummern) im Thüringischen Staatsarchiv Schloß Elisabethenburg, 98617 Meiningen; Alte Bibliothek des Vereins (ca. 5500 Bände), ebenda; Neue Bibliothek des Vereins (ca. 1000 Bände) im Hennebergischen Museum, Kloster Veßra
14. -
15. Wilhelm Engel, 400 Jahre hennebergische Geschichtsschreibung, in: Sachsen und Anhalt. Jahrbuch der historischen Kommission für die Provinz Sachsen, Bd. 9 (1933), S. 199-230; Konrad Marwinski, Der Hennebergisch altertumsforschende Verein zu Meiningen 1832 bis 1935 (= Südthüringer Forschungen 18), Meiningen 1983; Neugründung des Hennebergisch-Fränkischen Geschichtsvereins am 11. März 1990 im Schloß Elisabethenburg zu Meiningen. Gründungsbericht und Festrede von Günther Wölfing, Kloster Veßra und Würzburg 1990

Kösching

1. **Geschichtsverein Kösching/Kasing/Bettbrunn**
2. Erforschung der Geschichte des Marktes Kösching und seiner Ortsteile. Durchführung von Vorträgen und Exkursionen
3. -
4. Otto Frühmorgen, Ludwig-Thoma-Str. 27, 85092 Kösching
5. Hildegard Herrndobler, 85092 Kösching
6. 24.10.1990
7. 24.10.1990
8. 41
9. Referate (Geschichte anderer Märkte, Köschinger Kapellen, Vor- und Frühgeschichte von Kösching); Exkursionen (Donaumoos, Keltenmuseum Manching); Kurs: Deutsche Schrift und Studium von entsprechenden Dokumenten
10. -
11. Rundbrief bzw. Jahresbericht ab 1993 geplant
12. -
13. -
14. -
15. -

Kötzting

1. **Arbeitskreis Heimatforschung im Landkreis Cham**
2. Heimatforschung und -pflege
3. -
4. Sprecher: Max Heitzer, Herrenstr. 11, 93444 Kötzting
5. -
6. 23.02.1983
7. Keine Satzung
8. 15 feste Mitglieder, 10 wechselnde Mitglieder
9. 2-monatliche Mitgliedertreffen, Symposion, Buchvorstellung, Exkursion
10. -
11. Bd. 1, 1984-Bd. 10, 1993
12. -
13. -
14. -
15. -

Kötzting

1. **Arbeitskreis Heimatforschung im Kulturverein Bayerischer Wald e. V.**
2. Heimatforschung und -pflege; Herausgabe der Jahrbücher "Beiträge zur Geschichte im Landkreis Cham"
3. Ludwig Baumann, An der Schmidmarter 31, 93444 Kötzting
4. Max Heitzer, Herrenstr. 11, 93444 Kötzting
5. -
6. 23.02.1983
7. Keine Satzung
8. 30
9. 4 Arbeitskreissitzungen, eine Exkursion, ein Symposium, eine Buchvorstellung, Mitarbeit bei Ausstellungen
10. -
11. Beiträge zur Geschichte im Landkreis Cham, Bd. 1, 1984 - Bd. 9, 1992
12. -
13. -
14. -
15. Verhandlungen des Historischen Vereins für die Oberpfalz und Regensburg, 128 (1988), S. 312.

Kronach

1. **1000 Jahre Kronach e. V.**
2. Der Verein setzt es sich zur Aufgabe, den Bürgerinnen und Bürgern die geschichtliche Entwicklung der Stadt Kronach nahezubringen, deren Konsequenzen für Gegenwart und Zukunft aufzuzeigen, das Identitätsgefühl der Bürgerschaft mit ihrer Stadt und untereinander zu fördern sowie die Bedeutung Kronachs nach außen gebührend darzustellen
3. Stadt Kronach, Rathaus, Marktplatz 5, 96317 Kronach
4. Manfred Raum, Rathaus, Marktplatz 5, 96317 Kronach
5. Baptist Hempfling, Heimkehrersiedlung 7, 96317 Kronach
6. 06.03.1991
7. 06.03.1991
8. Ca. 130
9. Monatlicher Stammtisch; gelegentliche Vorträge
10. 1000 Jahre Kronach, Heft 1 (1991) - Heft 5 (1993), erscheint dreimal jährlich
11. -
12. -
13. -
14. -
15. -

Kronach

1. **Colloquium Historicum Wirsbergense, Heimat- und Geschichtsfreunde am Obermain e. V., Bezirksgruppe Kronach**
2. Pflege des Geschichts- und Heimatbewußtseins; Förderung heimatgeschichtlicher Forschungen; Vermittlung der Forschungsergebnisse der Mitglieder und Freunde zum Zweck der Erwachsenenbildung
3. -
4. Dr. Emil Singer, 96257 Redwitz
5. Dr. Ernst Sticht, M. A., 96317 Kronach
6. 29.03.1958
7. 22.01.1972
8. 122
9. -
10. -
11. Geschichte am Obermain, Bd. 1 - Bd. 18

12. -
13. Bücherei mit 1287 Bänden
14. -
15. -

Kronach

1. **Förderverein zur Erhaltung der Mühlen im Rodachtal e. V.**
2. Ausbau der Teichmühle in Steinwiesen zu einem Museum; Förderung des historischen Mühlenwesens; Sammlung von Wissenswertem über die historischen Mühlen
3. Martin Beierschoder, Karl-Bröger-Str. 9, 96317 Kronach
4. Wie 3.
5. Michael Kestel, Schulweg 24, 96364 Marktrodach
6. 06.04.1987
7. 20.07.1987
8. 27
9. Museumsführungen von 1. Mai bis 30. Oktober an Sonn- und Feiertagen in der Teichmühle
10. -
11. -
12. Museumsinformation; Kurzführer für die Teichmühle; Information über die Mittlere Mühle in Steinwiesen
13. Sammlung von Büchern, Zulassungsarbeiten u.ä. über das Mühlenwesen im Aufbau (geplant ist eine Ausleihe über die Kreisbibliothek)
14. Betreuung der Teichmühle als Museum; Beratung der Betreiber der benachbarten "Mittleren Mühle"
15. -

Kronach

1. **Heimatverein Dörfles e. V.**
2. Förderung der Jugendpflege und -fürsorge; Förderung der Heimatpflege durch Stärkung des Sinnes für Sitte und Brauchtum; Abhalten kultureller Veranstaltungen
3. -
4. Edmund Fehn, Dörfles 2, 96317 Kronach

5. Georg Schmidt, Dörfleser Anger, 96317 Kronach
6. 03.05.1975
7. 17.06.1975
8. 110
9. Vortragsreihen und kulturelle Veranstaltungen; Damengymnastik; Tischtennis; Raspeln; "Toudla naustroung"; Maibaumaufstellung; Martinszug der Kinder mit Lampions
10. -
11. -
12. 1000 Jahre Kronach, Ein Verein stellt sich vor
13. -
14. -
15. -

Kronach

1. **Verein für Heimatpflege Gehülz**
2. Ortsheimatpflege, insbesondere Erkundung der Lokalgeschichte; Herausgabe ortsgeschichtlicher und heimatkundlicher Schriften; heimatbezogene Informationsveranstaltungen; Maßnahmen zur Pflege und Erhaltung örtlicher Denkmäler; Wahrnehmung ideeller Interessen der Dorfgemeinschaft
3. -
4. Bernd Graf, Ellmershausstr. 9, 96317 Kronach-Gehülz
5. Albert Wich, Am Ruhstein 13, 96317 Kronach-Gehülz
6. 19.11.1987
7. 22.11.1989
8. 88
9. Vortragsveranstaltungen, heimatkundliche Wanderungen, geschichtskundliche Ausflüge, Betreuung von Flur- und Kleindenkmälern, Archivarbeit, Arbeitskreis "Heunischenburg", Wappenpflege
10. -
11. Mein Gehülz Nr. 1, 1899 - Nr. 3, 1993
12. -
13. -
14. Mitbetreuung des teilrekonstruierten archäologischen Geländedenkmals "Heunischenburg" (eine der ältesten Steinbefestigungsanlagen Europas nördlich der Alpen)
15. -

Kronach

1. **Verein für Kulturpflege e. V.**
2. Förderung und Pflege von Kulturdenkmälern; Dorferhaltung und -verschönerung; Pflege der Tradition altüberlieferter Sitten und Gebräuche
3. Edgar Dunst, J.-K.-Zeuß-Str. 20, 96317 Kronach-Neuses
4. Wie 3.
5. Norbert Zawidzki, Kronacher Str., 96317 Kronach-Neuses
6. 1981
7. 01.04.1987
8. 32
9. Flößerbrunnenfest; Marterrenovierung; Errichtung und Unterhaltung eines Dorfmuseums
10. -
11. -
12. -
13. Heimatarchiv von G. Gäßlein (Dorfmuseum)
14. -
15. -

Kronach

1. **Volks- und Gebirgstrachtenverein "Die Rosenbergler" Kronach e. V**
2. Erhaltung und Pflege der Frankenwälder Flößertracht; Hege und Pflege der heimatlichen Sitten, Gebräuche und des volkstümlichen Liedgutes; Förderung der Ausbildung der Mitglieder in Heimat- und Volkstanz
3. Stefan Ender, Kreuzbergstr. 6, 96317 Kronach
4. Wie 3.
5. Christa Eidloth, Kreuzbergstr. 6, 96317 Kronach
6. 10.06.1950
7. 07.03.1981
8. 148
9. Versammlungen (viermal wöchentlich); Nähen, Jugendproben, Übungsabende; Teilnahme an örtlichen und überörtlichen Veranstaltungen und Festen
10. -
11. -
12. -
13. -
14. -
15. Vereinschronik

Krumbach

1. **Heimatverein für den ehemaligen Landkreis Krumbach e. V.**
2. Heimat- und Brauchtumspflege im ehemaligen Landkreis Krumbach, vor allem in folgenden Bereichen: Förderung des Heimatbewußtseins und der Allgemeinbildung in Belangen der Heimat- und Kunstgeschichte, der Volkskunde, der Heimatpflege und des Naturschutzes; Schutz und Erhaltung von Boden-, Bau-, Kunst-, Natur- und geschichtlichen Denkmälern; Beratung und Betreuung beim Erhalt der überkommenen Baustrukturen und bei der baulichen Entwicklung im Hinblick auf die Einbindung in die Kulturlandschaft; Unterstützung der Brauchtumspflege, insbesondere auch des Krippenbrauchtums; Führung und Ausbau des Heimatmuseums; Sicherung der Werte und Kulturgüter der schwäbischen Heimat als Zeugnisse mittelschwäbischer Lebensweise; Öffentlichkeitsarbeit im Interesse der Heimat- und Kunstgeschichte, der Volkskunde, des Heimat- und Naturschutzes und der Heimatpflege; Kontaktpflege mit anderen Organisationen der Heimatpflege, auch im europäischen Rahmen
3. Hans Voh, Adolf-Kolping-Str. 10, 86381 Krumbach
4. Wie 3.
5. Anton Maier, Mindelheimer Str. 23a, Stadtteil Niederraunau, 86381 Krumbach
6. 29.03.1932, Wiederbegründung am 23.10.1948
7. April 1992
8. 430
9. Ca. 8 heimatkundliche Wanderungen, 3-4 ein- und mehrtägige Fahrten, Krippenabend, Krippenbaukurse, Krippenschauen, Sonderausstellungen (ein bis zwei), jährlich einmal Herausgabe der Krumbacher Heimatblätter, Träger des Heimatmuseums, Ferienangebot für Kinder (heimat- oder museumsbezogen)
10. Krumbacher Heimatblätter 1 (1986) - 10 (1992)
11. Der Landkreis Krumbach, Bd. 1, 1965 - Bd. 4, 1982
12. Sagen aus dem Landkreis Krumbach, gesammelt, überarbeitet und zusammengestellt von Theodor Jörg, Krumbach 1956, 2. Aufl. 1985
13. -
14. Heimatmuseum Krumbach
15. Gottfried Hofmeister, Heimatpflege und Heimatmuseum in Krumbach, Krumbach 1989, in: Krumbacher Heimatblätter 7 (1989), S. 36-47

Landau a. d. Isar

1. **Die Förderer des Altlandkreises Landau an der Isar e. V.**
2. Förderung der lokalgeschichtlichen Forschung und der Archive, Heimatpflege (Volksmusik und -tanz, Brauchtums-, Trachten- und Mundartpflege), Wahrung der Anliegen des Denkmalschutzes (Kunst-, Bau-, Natur-, Flur- und Bodendenkmäler), Mitwirkung bei Ortsplanung, Altstadtsanierung, Orts- und Umlandgestaltung, Planung von Wanderwegen; Pflege der Theatertradition
3. Siegfried Seidl, Auenstr. 16, 94405 Landau
4. Wie 3.
5. Nik Söltl, 94405 Landau
6. 1871; "Verschönerungsverein" von ca. 1880
7. 12.12.1984
8. 92
9. Ausstellungen im Heimatmuseum, Exkursionen zu Bodendenkmälern und Kulturfahrten, "Fördertreffs" für aktuelle Belange des Vereins, Arbeiten im Museum, Mitwirkung bei überregionalen Ausstellungen, Mitwirkung bei Denkmalschutz und Stadtkultur.
10. Historische Heimatblätter, 1 (1967) - 25 (1990)
11. In der unteren Isar und Vils, Bd. I, 1984 - Bd. V, 1990
12. -
13. Heimatmuseum und vereinseigenes Archiv
14. Museum
15. -

Landsberg a. Lech

1. **Historischer Verein für Stadt und Kreis Landsberg am Lech e. V.**
2. Pflege der historischen Vergangenheit in Stadt und Kreis Landsberg am Lech; Sammeln von Bodenfunden; Erhaltung und Bewahrung des Volkstümlichen; Förderung der Erhaltung historischer Bauwerke
3. Klaus Münzer, Galgenweg 17, 86899 Landsberg a. Lech
4. Wie 3.
5. August Hagenbusch, 86859 Igling
6. 1856
7. 03.04.1987
8. 400
9. Monatlich mindestens ein Referat oder eine Studienfahrt
10. Landsberger Geschichtsblätter, 1 (1902) - 89/90 (1990/91)

11. -
12. Landsberger Geschichtsblätter, 4-seitig alle 2 Monate im "Landsberger Tagblatt" (Kopfblatt der "Augsburger Allgemeinen")
13. Vereinsbibliothek mit ca. 2000 Nummern (incl. Zeitschriften), Schwerpunkte: Archäologie, lokale und regionale Geschichte und Volkskunde, zugänglich über die Stadtbücherei Landsberg; museale Sammlung 1937 an die Stadt Landsberg übergeben
14. -
15. Anton Huber, 125 Jahre Historischer Verein für Stadt und Kreis Landsberg in: Landsberger Geschichtsblätter 1980/81, 6. Sammelband, München 1981, S. VI-XIX

Landshut

1. **Historischer Verein für Niederbayern**
2. Durch Förderung der Volksbildung die Erforschung der Geschichte des Regierungsbezirks Niederbayern zu fördern und geschichtliches Verständnis für die Heimat zu wecken und zu pflegen
3. Dr. Georg Spitzlberger, Stadtarchiv Landshut, Altstadt 79 (Residenz), 84028 Landshut
4. Wie 3.
5. Dr. Gerhard Schwertl, Burg Trausnitz, 84036 Landshut
6. 1830
7. 14.05.1969
8. 726
9. 7 Vorträge pro Jahr, Jahresexkursion
10. Verhandlungen des Historischen Vereins für Niederbayern VN 1(1846) - 116/117 (1990/1991); als Historischer Verein des Unterdonaukreises in Passau Herausgeber des Bandes VU 1(1834)
11. -
12. Unregelmäßige Sonderpublikationen (Dissertationen u.a.)
13. Bibliothek; Sammlungen seit 1935 im Stadt- und Kreismuseum Landshut
14. -
15. J. F. Knöpfler, in: Verhandl. des Hist. Vereins für Niederbayern 63 (1930), S. 221-244; Georg Spitzlberger, in: ebenda 100 (1974), S. 194-199; ders., Dr. Anton Wiesend und der Historische Verein, in: Nachwort zum Nachdruck von Topogr. Gesch. d. Kreishauptstadt Landshut. Landshut 1858 (1987), III-V.; ders., Aus der Geschichte von Stadtarchiv und Stadtmuseum, Landshuter Zeitung 2.1.1986, S. 27

Langenzenn

1. **Heimatverein Langenzenn e. V.**
2. Erhaltung geschichtlicher Werte, Betreuung des Heimatmuseums und Geschichtsforschung, Mitarbeit im Naturschutz, Wanderungen und Fahrten zum Kennenlernen der Heimat, Instandhaltung des Wanderwegnetzes im Vereinsgebiet, Förderung des 1973 gegründeten Musikzuges, Förderung der 1981 gegründeten Theatergruppe "Klosterhofspiele Langenzenn"
3. Heimatverein Langenzenn e. V., Martin Weber, Claußhoferweg 40, 90579 Langenzenn
4. Landwirt Martin Weber, Claußhoferweg 40, 90579 Langenzenn
5. Hermann Schuch, Lauberdorferweg 4, 90579 Langenzenn
6. 1881
7. 09.12.1976, Änderung 27.02.1982
8. 506
9. Wanderungen und Fahrten mit geschichtlichen Erklärungen, Pflege der historischen Beziehung nach Südtirol zum Augustinerkloster Neustift bei Brixen (Exkursion nach Südtirol), zwei Sonderausstellungen im Heimatmuseum, Arbeitskreis Heimatmuseum, Langenzenner Jugend singt und musiziert; alle zwei Jahre Handwerkerhof mit altem Handwerk; Sternlichterzug der Grundschule
10. Heimatgruß aus Langenzenn 1 (1966) - 54 (1992)
11. -
12. Langenzenn mit Ortsteilen, Bilder aus vergangenen Tagen, Bd. 1, Langenzenn 1985, Bd. 2, Langenzenn 1991
13. Heimatkundliche Sammlungen, alte Bilder (ca. 1500 Stück), die ersten Hohenzollern-Münzen (129 Stück); Saurierfährten (ca. 200 Millionen Jahre alt); Feierabendziegel (über 100 Stück)
14. Heimatmuseum
15. Heimatverein (Hg.), 100 Jahre Heimatverein, 25 Jahre Heimatmuseum Langenzenn, Langenzenn, 1981

Laudenbach

1. **Heimat- und Verkehrsverein Laudenbach**
2. Ortsverschönerung und Werbung, Pflege der Ortsgeschichte und Kultur
3. -
4. Alfred Zenger, Im Bruch 4, 63925 Laudenbach/Main

5. Lina Glenz, Stefansberg 12, 63925 Laudenbach/Main
6. 1953
7. -
8. 26
9. 3 Arbeitskreise zur Ortsgeschichte, Exkursionen, Mitgliederversammlung
10. -
11. -
12. -
13. -
14. -
15. -

Lauf a. d. Pegnitz

1. **Freunde des Neunhofer Landes, Gruppe des Frankenbundes e. V.**
2. Der Frankenbund ist eine Vereinigung mit dem Ziel, die kulturellen Werte in Franken bewußt zu machen und die Ergebnisse der Forschung auf dem Gebiet der Landes- und Volkskunde, der Kunst und Geschichte zu verbreiten
3. Gisela Hein, Elsterweg 8, 91207 Lauf a. d. Pegnitz
   Geschäftsstelle: Im Lohe 7, 91207 Lauf a. d. Pegnitz
4. Hedwig Barthel, Im Lohe 7, 91207 Lauf d. d. Pegnitz
5. Prof. Dr. Ekkehard Wagner, Siebenkeesstr. 21, 91207 Lauf a. d. Pegnitz
6. 01.09.1975
7. 07.05.1988
8. 179
9. 2 Vorträge, 11 Konzerte, 2 Wanderungen und 4 Exkursionen
10. Neunhofer Land, Jg. 1 (1975) - Jg. 17 (1993); zusätzliche Sonderhefte
11. -
12. -
13. -
14. Historische dörfliche Wasserversorgung mit Wasserturm in Tauchersreuth
15. -

Laufach

1. **Geschichts- und Heimatverein Laufachtal e. V.**

2. Erforschung der Ortsgeschichte; Sicherung historischer, kultureller und künstlerischer Dokumente; Erhaltung von Brauchtum und Mundart; Weckung des Verständnisses für Geschichte und Kunst in der Öffentlichkeit; Sorge um Erhalt der heimatlichen Landschaft
3. -
4. Albert Stegmann, Gartenwiesen 2, 63846 Laufach
5. Kurt Seubert, Spessartstr. 48a, 63846 Laufach
6. 03.09.1980
7. 16.10.1980
8. 130
9. Jährlich ein historischer Markt; historische Wanderungen; Vorträge; Besichtigungen; Ausflüge
10. Een Aacheblick, Bd. 1 (1988) - Bd. 4 (1992)
11. -
12. -
13. Bild- und ortsbezogene Zeitungsausschnittsammlung
14. -
15. -

Laufen

1. **Historischer Verein Rupertiwinkel e. V.**
2. Erforschung der Geschichte und Kultur des Rupertiwinkels und Vermittlung durch Vorträge, Führungen, Exkursionen und Veröffentlichungen; Beratungstätigkeit im Rahmen der regionalen Kulturpflege
3. Postfach 1108, 83405 Laufen
4. Hans Roth, Wolf-Dietrich-Gasse 7, 83410 Laufen
5. Rudolf Brysch, Stettiner Straße 14, 83410 Laufen
6. 1964
7. 28.06.1990
8. 678
9. 4 Vorträge, 6 Exkursionen bzw. Führungen durch Museen und Ausstellungen); jährlich eine Jugendführung; Mitwirkung bei der Gestaltung von Jugendprogrammen anderer Organisationen (Volkshochschule)
10. Das Salzfaß, jährlich 3 Hefte, Jg. 1 (1967) - Jg. 25 (1992)
11. -
12. -
13. Geschichte Südostoberbayerns und Salzburgs; Handbücher, Zeitschriften (ca. 600 Bände), für Vereinsmitglieder zugänglich

14. -
15. Sepp Wimmer, Die Gründung des Historischen Vereins Rupertiwinkel vor 250 Jahren, in: Das Salzfaß 23 (1989), S. 121-130; Hans Roth, Der Verein für Heimatfreunde des Rupertiwinkels, 1918-1936, ebenda S. 131-146

Leutershausen

1. **Heimatverein Leutershausen**
2. Pflege von Brauchtum, Volksmusik und Trachten, Veröffentlichung heimatkundlicher Arbeiten
3. Hermann Betscher, Bahnhofstr. 20, 91578 Leutershausen
4. Wie 3.
5. Armin Görcke, Am Baumfeld 2, 91522 Ansbach
6. 1955
7. 08.03.1986
8. 400
9. Sonderausstellungen im Museum
10. 1 (1980) - 3 (1992)
11. -
12. -
13. Heimatarchiv
14. Heimat- und Handwerkermuseum
15. -

Lichtenau

1. **Heimatverein Lichtenau e. V.**
2. Pflege des Heimatgedankens, des bodenständigen Brauchtums, insbesondere die Pflege und Erhaltung der Trachten sowie der Sitten und Gebräuche in Volkstanz, Volkslied, Volksmusik und Mundartsprechen
3. Friedrich Großmann, Wattenbach 7, 91568 Lichtenau
4. Wie 3.
5. Reinhold Schierer, Blumenstr. 2, 91564 Neuendettelsau
6. 19.01.1973
7. 10.11.1982
8. 240

9. Auftritte der Aktivgruppen wie Volkstänzer, -sänger und -musikanten. Veranstaltungen in Lichtenau wie Burgfest, Lichtenauer Weihnacht, Wanderungen (Gemarkungsgrenze, Wanderwege) und Weihnachtsmarkt
10. -
11. -
12. -
13. Trachtensammlung
14. -
15. -

Lichtenfels

1. **Colloquium Historicum Wirsbergense, Heimat- und Geschichtsfreunde am Obermain e. V.**
2. Die Vereinigung - abgekürzt Colloquium oder CHW genannt - hat das Ziel, das Geschichts- und Heimatbewußtsein am Obermain zu pflegen. Sie fördert heimatgeschichtliche Forschungen, vermittelt Forschungsergebnisse ihrer Mitglieder und Freunde und dient der Erwachsenenbildung. Arbeitsgebiete des Colloquiums sind Vorgeschichte, Geschichte, Volkskunde, Denkmalspflege und weitere Wissensgebiete der Heimat am Obermain. Das Colloquium steht im Dienste der Volksbildung
3. -
4. Dr. Ernst Sticht M.A., Fehnstraße 55, 96317 Kronach
5. -
6. 29.07.1924
7. 23.02.1982
8. 1237
9. 1991: 76 Veranstaltungen, davon 61 Vorträge (einschließlich eines Seminars mit 4 Vorträgen) 13 Führungen, Exkursionen, Besuche von Museen) 2 Studienfahrten.
10. -
11. -
12. Hans Pfreundner, Fränkische Galerie, 1988; Rita Fischer Wildhagen, Himmlische Musikanten in Kirchen Oberfrankens, 1990; Günter Dippold (Hrsg.), Der Staffelberg, Bd. 1, 1992
13. Die CHW-Bücherei wird in der Kreisbibliothek Kronach aufbewahrt und verwaltet
14. -
15. Kleine CHW-Chronik - 1924-1984, Lichtenfels 1984

Lindau

1. **Museumsverein Lindau e. V.**
2. Aufsuchen der auf die Geschichte Lindaus bezüglichen Gegenstände und Denkmäler aller Zeiten und aller Art, soweit sie die Stadt Lindau, ihr einstiges Gebiet, die Nachbarschaft und Seegegend, deren Bewohner, Einrichtungen oder Vereinigungen berühren; Aufsuchen von vorgeschichtlichen Funden und Überresten, die in der Umgebung der Stadt am Bodensee gefunden werden; Aufsuchen anderer für Kunst, Wissenschaft und Gewerbe merkwürdiger und anregender Gegenstände, naturwissenschaftliche und ethnographische nicht ausgenommen; Bewahrung vor Beschädigung und Vernichtung aller in der Stadt und ihrer Umgebung noch vorhandenen Reste von historisch bedeutsamen Gegenständen, insbesondere Grabmälern, an Gebäuden befindlichen Skulpturen und Gemälden; Unterstützung aller Bestrebungen zur Förderung von Heimatpflege, Heimatkunde und des Naturschutzes
3. Dr. Karl Bachmann, Schweizerhofweg 18, 88131 Lindau
4. Wie 3.
5. Michael Kiss, Preisingerweg 31a, 88131 Lindau
6. 25.01.1889
7. 13.01.1972
8. 350
9. 4 wissenschaftliche Vorträge und eine Dichterlesung; eine Jahreshauptversammlung, 10 Vereinsabende, 4 Tagesexkursionen zu Denkmälern, Ausstellungen usw.; eine Studienfahrt von etwa 10 Tagen in kunstgeschichtlich und archäologisch interessante Gebiete
10. -
11. Neujahrshefte des Museumsvereins Lindau, Bd. 1, 1911 - Bd. 33, 1993
12. -
13. -
14. -
15. Karl Bachmann, Geschichte des Museumsvereins Lindau, in: Neujahrsblatt Nr. 30, Lindau 1989

Ludwigsstadt

1. **Frankenwaldverein e. V., Ortsgruppe Ludwigsstadt**

2. Zweck des Vereins ist es, die Liebe zur Heimat und das Verständnis für die Eigentümlichkeiten des Frankenwaldes und seiner Bewohner zu wecken, Heimatkunde und Brauchtum zu pflegen, das Wandern zu fördern und die Natur zu schützen, um sie den Menschen zur Erholung und Erbauung zu erhalten
3. -
4. David Brütting, Am Höhle 6, 96337 Ludwigsstadt
5. Martin Weber, Am Sommerberg, 96337 Ludwigsstadt
6. 06.12.1925
7. 15.09.1992
8. 284
9. -
10. -
11. -
12. -
13. -
14. Jugend- und Wanderheim des Frankenwaldvereins Ludwigsstadt, An der Bächleinsleite
15. -

Ludwigsstadt

1. **Geologisch heimatkundliche Arbeitsgemeinschaft Ludwigsstadt**
2. Erhaltung und Erweiterung des Wissensstandes des heimischen Bergbaues; Erneuerung und Vergrößerung des vereinseigenen Schiefermuseums; Pflege des heimatlichen Schrift- und Brauchtums; Erhaltung historischen Erbgutes (Grenzsteine, Wappensteine, Bauwerke, Zahlungsmittel, Handwerkszeuge); Sammlung von Sagen und Sängen
3. Heinz Werner Scheidig, Tröge 8, 96337 Ludwigsstadt
4. Martin Weber, Sommerberg 12, 96337 Ludwigsstadt
5. Wie 4.
6. 15.11.1978
7. -
8. 12
9. Exkursionen Schieferbergbau, Grenzwappensteine; Mitarbeit am heimatkundlichen Jahrbuch; Kurzfilme (z.B. Griffelmacher in Eersdorf)
10. -
11. Bd. 1, 1984 - Bd. 4, 1992
12. -

13. Schieferbergbau, Schieferdeckerhandwerk, Tafelmacher, Schieferverarbeitung, Heimarbeit, Industrie
14. Museum des Thüringisch-Fränkischen Schiefergebirges Ludwigsstadt
15. Umfangreiche Chronik

Lupburg

1. **Förderverein Alt-Lupburg und Umgebung**
2. Erforschung der Geschichte des Marktes Lupburg sowie der Gemeindeorte; Bewahrung des Kulturgutes in der Gemeinde, insbesondere des alten Lupburger Ortskerns; Unterstützung beim Aufbau eines Gemeindearchivs
3. -
4. Restaurator Karl Menner, Burgstr. 12, 92331 Lupburg
5. Klaus Pfaff, Am Burgberg 8, 92331 Lupburg
6. 01.10.1989
7. 19.04.1990
8. 68
9. Monatliche Zusammenkünfte, ca. vier Referate, eine Ausstellung
10. -
11. -
12. -
13. -
14. -
15. -

Mainaschaff

1. **Arbeitsgemeinschaft für Orts- und Familiengeschichte in Mainaschaff**
2. Erforschung der Geschichte des Ortes und seiner Bewohner
3. -
4. Lothar Schlett, Gründwaldstr. 4, 63814 Mainaschaff
5. Leo Gentil, An der Senne 13, 63814 Mainaschaff
6. 25.02.1985
7. -
8. 25

9. Monatliche Versammlung, in denen Arbeitskreise über ihre Arbeit berichten; jeden dritten Monat ein Referat; jährlich mindestens 2 Besichtigungen im Umkreis unter fachkundiger Führung; Ausstellung "Orts- und Familiengeschichte", letztmalig 1992
10. -
11. Mainaschaffer Geschichte, Bd. 1, 1990 - Bd. 2, 1992
12. -
13. -
14. -
15. -

Marktbreit

1. **Heimatverein Marktbreit e. V.**
2. Verständnis für Ortsgeschichte, Kultur und Kunst wecken, erweitern und vertiefen; historische Bausubstanz erhalten; auf landschaftliche Schönheiten Marktbreits und der Umgebung aufmerksam machen und zur Pflege beitragen
3. Elmar Rausch, Neubaustraße 33, 97340 Marktbreit
4. Wie 3.
5. Heinz Loder, Schloßplatz 5, 97340 Marktbreit
6. 02.06.1969
7. März 1992
8. 210
9. Stadtführungen; Referate zum Thema "Marktbreit"; Weinfest und andere gesellige Veranstaltungen; lokalhistorisches Spiel durch Laienspielgruppe; Informationen zur Altstadtsanierung
10. -
11. -
12. -
13. -
14. Mithilfe bei der Betreuung des Heimatmuseums
15. Joh. Wenzel, Marktbreit - Geschichte einer kleinen fränkischen Stadt, 1987

Marktheidenfeld

1. **Historischer Verein Marktheidenfeld und Umgebung e. V.**

2. Förderung des Verständnisses für fränkische Geschichte und Kunst sowie für das heimische Brauchtum. Ausgehend von der Gegenwart und Vergangenheit der Stadt Marktheidenfeld, der umliegenden Gemeinden sowie des weiteren Umlandes soll das Interesse für Probleme der Geschichte, der Denkmalpflege und der Volkskunde geweckt werden
3. Willibald Liebler, Eichholzstr. 17, 97828 Marktheidenfeld
4. Wie 3.
5. Constanze Koppenberg, An den Birken 10, 97828 Marktheidenfeld
6. 12.05.1978
7. 12.11.1986
8. 160
9. Referate, Exkursionen und Ausstellungen in Zusammenarbeit mit der Volkshochschule Marktheidenfeld; Arbeitskreis Heimatmuseum und Gradl-Galerie; Publikationstätigkeit
10. -
11. Nr. 1, 1978 - Nr. 12, 1989; Willibald Liebler (Hg.), Ansichten und Karten, Bd. 1 (1978) - Bd. 3 (1983)
12. Artikel und Serien in den Tageszeitungen "Main-Post" und "Fränkisches Volksblatt" (beide Würzburg) und "Main-Echo" (Aschaffenburg), jeweils Lokalausgabe Marktheidenfeld
13. Foto- und Diaarchiv; Buchbestände in der Stadtbibliothek zugänglich (ca. 1000 Bücher und Hefte); Exponate für künftiges Heimatmuseum
14. Betreuung der städtischen Gradl-Galerie durch den Verein; Ruinengelände der ehemaligen Benediktiner-Propstei Mattenstatt
15. -

Marktleuthen

1. **Arbeitskreis für Heimatforschung Marktleuthen**
2. Erforschung der Ortsgeschichte, Bewahren der örtlichen Denkmäler, heimatgeschichtliche Bildung der Bevölkerung, insbesondere der Jugend, Pflege der örtlichen Archive
3. -
4. Harald Stark, Obere Buchgasse 9, 95326 Kulmbach
5. Jürgen Menzel, Angergasse 3, 95168 Marktleuthen
6. 14.06.1985
7. -
8. 16

9. Öffentliche Busexkursion, im Sommer mehrere öffentliche Exkursionen in die nähere Umgebung
10. "Der Rußbuttenträger" - Berichte des Arbeitskreises für Heimatforschung Marktleuthen, Nr. 1 (1986) - Nr. 13 (1992) (das 16-seitige Heft erscheint 2 mal jährlich und wird kostenlos an alle Haushalte der Stadt verteilt)
11. Beiträge zur Geschichte der Stadt Marktleuthen, Nr. 1, 1980-Nr. 9, 1990
12. -
13. Der Vorsitzende des Arbeitskreises betreut das Stadtarchiv und teilweise auch das ev.-luth. Pfarrarchiv Marktleuthen.
14. -
15. -

Mellrichstadt

1. **Rhönklub-Zweigverein Mellrichstadt e. V.**
2. Erschließung und Bekanntmachen der Rhön; Förderung von Wanderlust und Wintersport; Pflege von Heimatliebe und Heimatschutz; Förderung des geselligen Zusammenseins der Mitglieder
3. Elisabeth Teyssen (Schriftführerin), Schillerstr. 16, 97638 Mellrichstadt
4. Heinz Behringer, Mittlerer Hainbergweg 13, 97638 Mellrichstadt
5. Heinrich Reich, Bischofsberg 32, 97638 Mellrichstadt
6. 1886
7. 1953
8. 373 Hauptmitglieder, 89 Anschlußmitglieder und 25 Jugendmitglieder
9. Wanderungen, Kulturfahrten, Lichtbildervorträge, Ausstellungen, Sitzungen
10. -
11. Jährlicher Wanderplan
12. -
13. Sammlung von Bildern, Büchern und Trachten
14. -
15. -

Memmingen

1. **Verein Heimatpflege Memmingen e. V.**

2. Der Verein hat die Aufgabe, die gesamte Heimatkunde, -pflege und -geschichte in Stadt und Altlandkreis Memmingen zu leiten, zu betreuen und zu betreiben; Ziel dieser gemeinnützigen Arbeit ist: Kenntnis der Heimat und ihrer Geschichte
3. Stadtbibliothek Grimmelhaus, Ulmer Straße 19, 87700 Memmingen
4. Uli Braun, Heimatpfleger, Tillystraße 14, 87700 Memmingen
5. Reg. Baumeister Dr. Ing. Wolfram Arlart, Heidengasse 7-9, 87700 Memmingen
6. 14.01.1882
7. 09.10.1956, veränderte Satzung in Vorbereitung
8. 1028
9. Referate in Zusammenarbeit mit der Volkshochschule, Jahreshauptversammlung jeweils mit Grundsatzreferat zu heimatpflegerischen Fragen, Arbeitskreis für Stadtgeschichtsforschung, Wiss. Forum für Regionalgeschichte, Stadtführungen auf Anfrage und für die Öffentlichkeit
10. Memminger Geschichtsblätter, 1. Heft 1912 - Jahresheft 1989/90, Memmingen 1992
11. Memminger Forschungen, Bd. 1, 1991 (Lambacher, Spital); Bd. 2, 1991 (Wolf, Reichsstädte); Bd. 3, 1992 (Wagner, Die Wälder Memmingens);Memminger Brief Heft 1, 1968, zuletzt erschienen Heft 1977-1981 in 1989
12. 1. Vors. ist Herausgeber der Heimatbeilage der Memminger Zeitung "Der Spiegelschwab"; seit 1949, jetzt sechsmal pro Jahr
13. Der Verein besitzt keine eigenen Sammlungen, alle Erwerbungen des Vereins gehen in den Besitz von Stadtarchiv, Stadtbibliothek oder Städt. Museum über
14. -
15. Walter Braun, 100 Jahre Heimatbewußtsein, Heimatforschung und Heimatpflege in Memmingen, in: Schönere Heimat 61. Jg., Heft 2, München 1972. Teilabdruck davon Uli Braun, in: Memminger Geschichtsblätter 1980, S. IX-XIV

Mömbris

1. **Heimat- und Geschichtsverein Markt Mömbris**
2. Übernahme von Aufgaben der Heimatpflege; Erforschung der Heimatgeschichte; Pflege des Brauchtums; Erhaltung historisch bedeutsamer Bauwerke; Veröffentlichungen von geschichtlichen Beiträgen; Vorträge, Ausstellungen und Führungen; Mithilfe bei der Pflege von Archiven und heimatkundlichen Sammlungen
3. Anton Reising, Dellersweg 6, 63776 Mömbris
4. Wie 3.

5. Hans Friedel, Folzbach 12, 63776 Mömbris
6. 20.01.1986
7. 14.06.1989
8. 61
9. Besichtigungen historischer Anlagen wie Mühlen, aufgelassene Burgen und Höfe; Ferienspiele
10. Geschichtsblätter, Bd. 1 (1991) - Bd. 2 (1993)
11. -
12. -
13. Volkskundliche Sammlung des Marktes Mömbris; heimatbezogene Gegenstände, insbesondere Darstellung der Zigarrenherstellung
14. Volkskundliche Sammlung im Heimatmuseum
15. -

Mönchberg

1. **Kultur- und Geschichtsverein Mönchberg-Schmachtenberg e. V.**
2. Wiederbeschaffung und Erhaltung von Kulturgütern, insbesondere von Bildstöcken jeder Art in den Gemarkungen Mönchberg und Schmachtenberg
3. Markt Mönchberg, Postfach 11 53, 63933 Mönchberg
4. Raimund Weis, Hauptstr. 61, 63933 Mönchberg
5. Eduard Schmitt, Urbanusstr. 2, 63933 Mönchberg
6. 06.03.1987
7. 06.03.1987
8. 70
9. 2 Referate, Exkursion
10. -
11. -
12. Wolfgang Bösel, Das Grenzkreuz am Eselsweg, 1990; ders., Jetzt werd gestorwe, 1990, ders., Das Hohe Bild, 1990; Klaus Miltenberger, Alt-Mönchberger Familien und ihre Hausnamen, 1990; ders., Die Mönchberger Mühlen am Aubach, Teile 1-3, 1991-1992; Sigmund Löhr, Eigennamen in Schmachtenberg, 1990; Karl Klingenbeck, Schmachtenberger Vereinschronik, 1992; Valentin Pfeifer, Aus dem Buch "Spessartmärchen", 1992; Irmes Eberth, 'S Elf-Uhr-Läude, 1992
13. -
14. Unterstützung der Museumsleitung
15. -

Moosburg

1. **Heimatverein Moosburg**
2. Erforschung der Heimatgeschichte
3. Maria Keller, Gabelsbergerstr. 1, 85368 Moosburg
4. Wie 3.
5. Wilhelm Braun, Bonausstr. 31, 85368 Moosburg
6. 01.01.1978
7. 12.06.1978
8. 225
9. Jahresversammlung, monatlicher Diskussionsabend, Vorträge, Ausstellungsbesuche, ein Schaufenster mit hist. Darstellungen, Herausgabe von Büchern und Broschüren
10. -
11. Unser Moosburg, November 1979 - November 1991
12. -
13. Archivalien, Fotos und Bücher zur Heimatgeschichte Moosburg und Umland
14. -
15. 10 Jahre Heimatverein Moosburg

Mühldorf

1. **Heimatbund Mühldorf e. V.**
2. Der Heimatbund führt die geschichtliche und heimatliche Erforschung des engeren und weiteren Gebietes von Mühldorf durch. Er will das Verständnis für die Geschichte, die Kulturgüter und deren Bedeutung wecken und fördern und zur Pflege und Erhaltung der heimatlichen Kulturwerte beitragen
3. Reinhard Wanka, Margeritenstr. 7, 84453 Mühldorf
4. Wie 3.
5. Dr. Hans-Rudolf Spagl, Moltkestr. 12, 84453 Mühldorf
6. Dezember 1920
7. 1969
8. 1326
9. Jährlich ca. 40 Veranstaltungen, darunter 10 Vortragsabende, 12 heimatkundliche Wanderungen bzw. Radtouren, 2 Kunstfahrten, Volksmusik- und Volkstanzveranstaltungen
10. Das Mühlrad, Bd. 1 (1951) - Bd. 34 (1992)
11. -

12. Hans Prähofer, Wie es war, Kriegsende 1945 und Neubeginn in Mühldorf; Herbert Kroiß, Steig' aus und wandere. Mühldorf als Ausgangspunkt für 15 erholsame Wanderungen; August Neumeyer, Der Mühldorfer Hexenprozeß, Vernehmungsprotokoll von 1749/50; Anette Schnabel, Das bajuwarische Gräberfeld von Weiding. Grabungsbericht mit 49 Abbildungen/Tafeln; Heimatbund, Die Schlacht bei Mühldorf 1322. Gründe, Ablauf und Folgen; Heimatbund, Mühldorf - Stadt am Inn; Isolde Hausberger, Der Meister von Mühldorf; Martin Greif, Stille ruht die weite Welt (Gedichtband); F. X. Rambold, Paradiesgärtlein; Lorenz Strobl, Kalendergeschichten
13. -
14. Betreuung der denkmalgeschützten Salzburger Grenzsteine; Finanzielle Unterstützung und Mitarbeit beim Unterhalt und Aufbau des Kreisheimatmuseums Mühldorf
15. -

Mühldorf

1. **Verein zur Förderung des Kreisheimatmuseums und der Heimatpflege im Landkreis Mühldorf am Inn e. V.**
2. Förderung eines Landkreismuseums als zentrale Stelle für heimat- und denkmalpflegerische Zielsetzungen im Landkreis Mühldorf. Unterstützung des heimatkundlichen Unterrichts der Schulen. Förderung von speziellen Ausstellungen und Veranstaltungen. Unterstützung örtlicher Vereine mit gleicher Zielsetzung wie der Förderverein
3. Theo Schwarz, Oderstr. 22, 84453 Mühldorf am Inn
4. Dr. Hans Rudolf Spagl, Moltkestr. 12, 84453 Mühldorf am Inn
5. Adolf Hartmann, Lechstr. 1, 84453 Mühldorf am Inn
6. 17.10.1974
7. 30.03.1989
8. 256
9. Seit Bestehen des Vereins 1992 49 Ausstellungen unterschiedlicher Art; Arbeitskreise und Referate in enger Zusammenarbeit mit dem Heimatbund Mühldorf e. V.
10. -
11. -
12. Ausstellungsbegleitende Schriften, Themenabhandlungen (z.B. 3. Reich im Landkreis Mühldorf, Mühldorfer Hexenprozeß, Bajuwarisches Gräberfeld Weiding bei Mühldorf)
13. Im Rahmen der musealen Aufgabe betreut der Verein die Dauerleihgaben und die vom Verein erworbene Objekte

14. -
15. -

Mühlhausen

1. **Heimatverein Reicher Ebrachgrund e. V.**
2. Pflege und Förderung heimatkundlicher Belange im Reichen Ebrachgrund; Sicherstellung heimatbezogenen Schriftguts und Aufbau eines Archivs; familienkundliche Erforschung; Veröffentlichung heimatkundlicher Beiträge; Pflege heimatlichen Brauchtums
3. Martin Lottes, Horbach 15, 96193 Wachenroth
4. Wie 3.
5. Franz F. Kachler, Horbach 14, 96193 Wachenroth
6. 30.09.1987
7. 30.09.1987
8. 320
9. 2 Referate, ein bis zwei Ausstellungen, 3 Arbeitskreise
10. Heimatbote, Heft 1 (1986) - 6 (1992)
11. -
12. -
13. Sammlung alter Fotos, Urkunden, Ortschroniken, Hofbesitzstände von 46 Ortschaften, Vereinszeitschriften und Bücher (aus Stadtgemeinde Schlüsselfeld, Markt Wachenroth, Markt Mühlhausen und Gemeinde Pommersfelden)
14. -
15. -

München

1. **Archiv der Müncher Arbeiterbewegung e. V.**
2. Sammlung und Archivierung von Zeugnissen und Dokumenten der Münchner Arbeiterbewegung und Industriekultur; Herstellung von Öffentlichkeit, u. a. durch Erarbeitung und Förderung von Ausstellungen und Veröffentlichungen; Entwicklung einer inhaltlichen und organisatorischen Konzeption für ein Museum der Arbeit, das Raum bieten soll zur Auseinandersetzung mit historischen und aktuellen Aspekten der Münchner Arbeiterbewegung und der lokalen Industriekultur

3. Archiv der Münchner Arbeiterbewegung e. V., Bayerstr. 77a, Rückgebäude, 80335 München
4. Ingelore Pilwousek, Maxlrainstr. 7, 81541 München
5. Ellen Beumelburg, Baaderstr. 59, 80335 München
6. 12.05.1987
7. 17.05.1989
8. 116 ordentliche Mitglieder, 13 fördernde Mitglieder
9. Podiumsdiskussionen (BMW - eine deutsche Geschichte, 1990; Die SPD vor Hitler, 1991); Ausstellungen (Das alte Gewerkschaftshaus in der Pestalozzistr. 1912 - 1933. Ein Kapitel aus der politischen und kulturellen Geschichte Münchens, 1989/90, Liebe, Hiebe und Proteste, München 1968, 1991); Veranstaltungsreihen (Frauen der Münchner Arbeiterbewegung, 4-teilig, 1991; Frauen im Frieden - Frauen im Krieg, 4-teilig, 1992. Ein "Museum der Arbeit" für München? 5-teilig, 1992)
10. -
11. Kraus-Maffei: Lebenslauf einer Münchner Fabrik und ihrer Belegschaft, 1988, Bd. 2 (1992)
12. Begleitbroschüren zu den Ausstellungen
13. Geschichte der Münchner Arbeiterbewegung und ihrer Organisationen; Arbeitsleben; Alltag; Neue soziale Bewegungen. Sammlungsschwerpunkte: Fotos, Plakate, Flugblätter und Dokumente
14. -
15. -

München

1. **Bayerische Numismatische Gesellschaft e. V. München**
2. Pflege, Förderung und Auswertung der Numismatik und ihrer Hilfswissenschaften
3. Geschäftsstelle: Residenzstraße 1 (Staatliche Münzsammlung), 80333 München
4. Dr. Hans Roland Baldus, über Geschäftsstelle
5. Dr. Gerd Stumpf, über Geschäftsstelle
6. 29.10.1881
7. 25.01.1983
8. 410
9. Monatliche Sitzungen mit wissenschaftlichen Vorträgen und Aussprache; Arbeitskreis "Moderne Münchner Medailleure"
10. Jahrbuch für Numismatik und Geldgeschichte, Bd. I (1949) - Bd. XL (1990) [erschienen 1992]
11. -

12. -
13. Sammlung der von der Gesellschaft seit 1881 herausgebrachten Medaillen
14. -
15. Karl Gebhardt, Die Bayerische Numismatische Gesellschaft und ihre Medaillen 1881-1981, in: Jahrbuch für Numismatik und Geldgeschichte XXXI/XXXII (1981/1982), Nachtrag in: ebenda XL (1990)

München

1. **Bayerischer Landesverein für Familienkunde e. V.**
2. Pflege der Genealogie, der Heraldik uud des Familiengedankens in gemeinnütziger Weise und Förderung von wissenschaftlicher und volkserzieherischer Arbeit
3. Bayerisches Hauptstaatsarchiv, Ludwigstr. 14/I, 80539 München
4. Gerhart Nebinger, Taxisstr. 6, 86633 Neuburg/Donau
5. Leuther v. Gersdorff, Am Steigacker 13, 83624 Otterfing
6. 19.05.1922
7. 28.04.1990
8. 713
9. Die Bezirksgruppen Augsburg, München, Passau und Regensburg halten zweimal monatlich Vortrags- oder Arbeitsabende ab; gelegentlich Führungen und Exkursionen; Ausstellungen in Jubiläumsjahren, letztmalig 1992
10. Blätter des Bayerischen Landesvereins für Familienkunde, 1 (1923) - 55 (1992)
11. Schriften des Bayerischen Landesvereins für Familienkunde, Heft 1, 1925 - Heft 22, 1982
12. -
13. Bibliothek mit ca. 3600 Monographien (Landes-, Orts-, Familiengeschichte, geschichtliche Hilfswissenschaften wie Genealogie, Heraldik, Schriftkunde, Namenkunde); ca. 160 Titel (entspricht ca. 4000 Bänden); Zeitschriften; Archiv genealogischer Sammlungen, Karteien und Nachlässe
14. -
15. -

München

1. **Freunde der bayerischen Vor- und Frühgeschichte e. V.**

2. Der Verein will das Wissen um die Vor- und Frühgeschichte in Bayern fördern und Mittel sammeln, um sie an die einschlägigen staatlichen Museen und Sammlungen weiterzugeben
3. Freunde der bayerischen Vor- und Frühgeschichte e. V., p. a. Bayerische Handelsbank AG, Postfach 22 15 15, 80505 München
4. Dr. Walter Dieck, Anschrift wie 3.
5. Prof. Dr. H.-J. Kellner, Prähistorische Staatssammlung, Lerchenfeldstr. 2, 80538 München
6. 10.10.1973
7. 19.10.1992
8. 864
9. Vorträge, Führungen, Jahresausflüge, Eröffnungsveranstaltungen der Prähistorischen Staatssammlung
10. -
11. -
12. -
13. -
14. -
15. -

München

1. **Gesellschaft für Archäologie in Bayern e. V.**
2. Förderung aller Bemühungen, welche die Erhellung der älteren menschlichen Geschichte auf dem Boden Bayerns zum Ziel haben
3. Bayerisches Landesamt für Denkmalpflege, Archäologische Abteilung, Postfach 10 02 03, 80076 München
4. Oberbürgermeisterin Christa Meier, Altes Rathaus, 93047 Regensburg
5. Dr. Karl Schmotz, Kreisarchäologe, Landratsamt Deggendorf, Herrenstr. 18, 94469 Deggendorf
6. 31.10.1981
7. 1988
8. 2915
9. Finanzielle Unterstützung archäologischer Vorträge, Exkursionen, Ausstellungen, Publikationen, Grabungen, Forschungsvorhaben
10. Das archäologische Jahr in Bayern 1980-1990 (in Verbindung mit dem Bayerischen Landesamt für Denkmalpflege)
11. -
12. -
13. -

14. -
15. Das archäologische Jahr in Bayern, 1990, S. 9 f.

München

1. **Historischer Verein von Oberbayern**
2. Förderung der Volksbildung auf dem Gebiete der Heimatkunde und Geschichte, vor allem von Oberbayern
3. Archivoberrat Hans-Joachim Hecker, Stadtarchiv München, Winzererstr. 68, 80797 München
4. Stadtdirektor Dr. Richard Bauer, Anschrift wie 3.
5. Dr. Hermann Dannheimer, Prähistorische Staatssammlung, Lerchenfeldstr. 2, 80538 München
6. 1837
7. 17.10.1984
8. 2174
9. Jährlich 11 Vortragsveranstaltungen und eine Exkursion
10. Oberbayerisches Archiv, Bd. 1 (1839) - Bd. 116 (1992)
11. -
12. -
13. Archivaliensammlung (einschließlich Nachlässe) und Sammlung Dillis im Stadtarchiv München hinterlegt und dort zugänglich; Bibliothek im Stadtarchiv München; übriges Sammlungsgut als Dauerleihgabe in Münchner Museen
14. -
15. Georg Leidinger, Hundert Jahre Historischer Verein von Oberbayern, in: Oberbayerisches Archiv, Bd. 75 (1938); Huber Glaser, Der geschichtliche Boden ist ein fester. Festrede zur 150-Jahr-Feier des Historischen Vereins von Oberbayern, in: ebenda, Bd. 113 (1989)

München

1. **Verband für Orts- und Flurnamenforschung in Bayern e. V.**
2. Orts- und Flurnamen in Bayern sammeln und wissenschaftlich auswerten; Wissen darum fördern
3. Leonrodstr. 57, 80636 München
   Geschäftsführer: Dr. Reinhard Bauer, Lerchenauer Str. 148, 80935 München
4. Dr. Wolf-Armin Frhr. v. Reitzenstein, Lachnerstr. 27, 80639 München

5. Prof. Dr. Günther Kapfhammer, Kuckucksweg 1, 82166 Lochham
6. 01.09.1920
7. 30.03.1977/Satzungsänderung 14.12.1982
8. 250
9. 6 Vorträge und Exkursionen
10. Blätter für oberdeutsche Namenforschung 1 (1958) - 28/29 (1991/92, Doppelheft); von 1962-1975 auch "Mitteilungen des Verbandes für Flurnamenforschung"; B. Boesch, K. Puchner und E. Schwarz, Mitteilungen für Namenkunde, Heft 1 (1957) - Heft 10 (1961/62)
11. Die Flurnamen Bayerns Bd. 1, 1938 - Bd. 9, 1990
12. -
13. Bayerisches Flurnamenarchiv: rund 5000 Flurnamensammlungen von Altgemeinden in Bayern, Flurnamenkarteien; Fachbibliothek 10 000 Bände (Bücher und Zeitschriften zur bayerischen Namenkunde und Geschichte)
14. Kartei historischer Ortsnamenbelege (bis zum Jahr 1200 einschließlich)
15. Reinhard Bauer, 60 Jahre Flurnamensammlung und -forschung in Bayern, in: Blätter für oberdeutsche Namenforschung 17 (1980), S. 2-8; Wolf-Armin Frhr. v. Reitzenstein, Ortsnamenforschung, in: Beiträge zur Namenforschung, NF, Beiheft 42, S. 15-26

München

1. **Verein für Diözesangeschichte von München und Freising e. V.**
2. Erforschung der Geschichte des Erzbistums, Verbreitung geschichtlichen Wissens, Pflege geschichtlichen Bewußtseins, Sorge um die Denkmäler der Geschichte im Bereich des Erzbistums
3. Karmeliterstr. 1, Postfach 360, 80333 München
4. Dr. Sigmund Benker, Anschrift wie 3.
5. Emmeran Oberberger, Ignaz-Günther-Str. 7, 83629 Weyarn
6. 1924
7. 24.10.1984
8. 620
9. 6 Vorträge, eine Studienfahrt
10. Beiträge zur altbayerischen Kirchengeschichte, 1 (1850) - 40 (1991)
11. Studium der altbayerischen Kirchengeschichte, Bd. 1, 1969 - Bd. 8, 1987
12. -
13. Fachbibliothek mit ca. 2000 Bände in der Geschäftsstelle
14. -
15. -

München

1. **Verein Münchner Stadtteilgeschichte e. V.**
2. Erforschung, Darstellung und Verbreitung der Geschichte und der Volkskultur der Münchner Stadtteile
3. Dr. Reinhard Bauer, Heßstr. 82 Rückgebäude, 80798 München
4. Dr. Reinhard Bauer, Lerchenauer Str. 148, 80935 München
5. Christl Knauer-Nothaft, Dar-es-Salaam-Str. 15a, 81827 München
6. 23.04.1985
7. 23.04.1985
8. 50
9. Ca. 10 Vorträge und Exkursionen
10. -
11. -
12. -
13. -
14. -
15. -

Naila

1. **Heimatkundlicher Arbeitskreis im ehemaligen Landkreis Naila**
2. Arbeitskreis ohne Satzung
3. Heimatpfleger Dieter Blechschmidt, Albert-Schweitzer-Str. 23, 95119 Naila/-Ofr.
4. Wie 3.
5. -
6. Ca. 1965
7. Keine Satzung
8. Ca. 15
9. Zusammenkünfte einmal im Monat (an jedem 1. Sonntagabend), im Sommer drei bis vier Exkursionen
10. -
11. -
12. -
13. -
14. -
15. -

Neu-Ulm

1. **Historischer Verein Neu-Ulm**
2. Förderung von Studium, Pflege und Sammlung aller historisch, naturgeschichtlich und künstlerisch wertvollen Gegenstände der näheren und ferneren Heimat
3. Illerholzweg 18, 89231 Neu-Ulm
4. Dr. Gerhard Thost, Illerholzweg 18, 89231 Neu-Ulm
5. Anton Aubele, Holzheimer Weg 8, 89278 Straß
6. 15.10.1907
7. 18.10.1978
8. 76
9. 4 Vorträge im Winterhalbjahr, gelegentlich Exkursionen
10. -
11. -
12. -
13. Kleine Vereinsbibliothek
14. -
15. Verschiedene Aufsätze zur Geschichte des Vereins 1907-1932, in: Aus dem Ulmer Winkel 1932, S. 33-38; Anton Aubele, Mit der Erforschung des "Ulmer Winkels" die Heimatgeschichte zu neuem Leben erweckt (zum 75jährigen Jubiläum), in: Schwäbische Zeitung, Ausgabe Ulm, vom 13.10.1982

Neubeuern

1. **Schiffleut-Bruderschaftsverein Neubeuern e. V.**
2. Der Verein führt Informationsveranstaltungen über die Geschichte und das Brauchtum der Inn-Schiffer und Schiffbauer durch, legt Schriften darüber auf und veranstaltet alljährlich einen Schiffleut-Jahrtag, an dem der verstorbenen Mitglieder gedacht wird
3. -
4. Rupert Stuffer, Am Bürgl 24, 83115 Neubeuern
5. Heinrich Heibler, Am Rainz, 83115 Neubeuern
6. 09.09.1622
7. 08.12.1990
8. 345
9. Lieder- und Geschichtenabend, Ausstellungen, Jahrtag mit Kirche und Vorträgen, etwa 2 Veranstaltungen je Jahr

10. -
11. -
12. -
13. -
14. Innplätte und Zille, als Ausstellungsobjekt und Gedenksteine
15. Kopien von Gründungsurkunden sowie päpstliche Anerkennung; Mitgliedsurkunden und Gründungssatzung

Neumarkt i.d.Opf.

1. **Historischer Verein für Neumarkt in der Oberpfalz und Umgebung e. V.**
2. Förderung des geschichtlichen Sinnes durch Pflege der Geschichte im allgemeinen und insbesondere durch Pflege der Geschichte von Neumarkt in der Oberpfalz und Umgebung
3. Elisabeth Meier, Saarlandstr. 11, 92318 Neumarkt i.d.Opf.
4. Hans Meier, Saarlandstr. 11, 92318 Neumarkt i.d.Opf.
5. Anni Lang, Hallertorstr. 16, 92318 Neumarkt i.d.Opf.
6. 14.09.1904
7. 12.06.1989
8. 304
9. Ca. 8 Referate (incl. Lichtbildervorträge), 2 oder 3 Exkursionen und Ausstellungsbesuche
10. Jahresberichte: 1 (1905) - 20 (1993)
11. -
12. Hansjörg Reisenbauer, Der Schloßberg von Sulzbürg, 1991; Serie in "Neumarkter Tagblatt": Neumarkter Stadtgeschichte (bisher 64 Artikel), Verfasser: Hans Meier; Serie in "Neumarkter Nachrichten": Neumarkter Straßennamen (bisher 55 Artikel), Verfasser: Meier und Kiefl
13. Bibliothek
14. -
15. Ludwig Wifling, 25 Jahre Historischer Verein Neumarkt...,in: 10. Jahresbericht 1929; Georg Weidner und Ludwig Wifling, Aus der Geschichte des Vereins - Vereinsrückschau, in: 14. Jahresbericht 1954

Neunkirchen am Sand

1. **Heimat- und Geschichtsverein Neunkirchen am Sand e. V.**
2. Förderung und Pflege des Heimatgedankens, Erforschung der Geschichte der Gemeinde Neunkirchen
3. Heimat- und Geschichtsverein Neunkirchen am Sand, Schulstr. 20, 91233 Neunkirchen am Sand
4. Franz Semlinger, Schulstr. 20, 91233 Neunkirchen am Sand
5. Fritz Kroder, Kapellenstr. 5, 91233 Neunkirchen-Speikern
6. 22.01.1990
7. 22.01.1990
8. 114
9. Regelmäßige Ausstellungen im Rathaus, Ausstellungen zu besonderen Anlässen, Renovierung von Denkmälern, Einrichtung eines Archäologischen Wanderweges
10. Neunkirchner Geschichtshefte, Nr. 1 (1990) - Nr. 3 (1992)
11. -
12. -
13. Heimatgeschichtliche Bücher, Bilder- und Archivaliensammlung (im Aufbau); Kontaktstelle 1. Vorsitzender
14. Alte Kersbacher Wasserversorgung von 1894; Archäologischer Wanderweg der Gemeinde, 1991 eingerichtet
15. Ein junger Verein stellt sich vor, 1991

Neustadt a.d. Aisch

1. **Geschichts- und Heimatverein Neustadt a. d. Aisch**
2. Erforschung der Geschichte Neustadts und seines Umlandes, Vermittlung geschichtlicher Kenntnisse, Förderung des Heimatgedankens und Erweiterung und Betreuung der Sammlung des Heimatmuseum
3. Geschichts- und Heimatverein Neustadt a.d Aisch, Postfach 1426, 91404 Neustadt a.d. Aisch
4. Dieter Mäckl, Wilhermsdorfer Str. 13, 90579 Langenzenn-Laubendor
5. Christoph Schmidt, Nürnberger Str. 29, 91404 Neustadt a.d. Aisch
6. Juni 1906
7. 19.03.1990
8. 264

9. 3-4 Referate von Heimatforschern oder Historikern der Universitäten; 3-4 historische oder kunsthistorische Fachexkursionen im Heimatraum; ein bis zwei Sonderausstellungen zu Aspekten der Heimatgeschichte im Museum; Arbeitskreise je nach Bedarf
10. Streiflichter aus der Heimatgeschichte, 1960-1992
11. -
12. Einzelartikel in der Fränkischen Landeszeitung oder lokalen Beilagen
13. Archiv und Bibliothek mit mehreren tausend Bänden, darunter die größte Biedermeier-Ausleihbibliothek Süddeutschlands
14. Im sog. Alten Schloß eigenes Heimatmuseum
15. -

Neustadt/Coburg

1. **Museums- und Heimatverein e. V. Neustadt/Coburg**
2. Betrieb des Museums der Deutschen Spielzeugindustrie mit Trachtenpuppensammlung; Pflege der Heimatgeschichte
3. Joachim Sauer, Am Brunnhügel 4, 96465 Neustadt/Coburg, Ortsteil Thann
4. Wie 3.
5. Helmut Renner, Glockenberg 8, 96465 Neustadt/Coburg
6. -
7. -
8. -
9. 2 Sonderausstellungen im Museum; alte Praktiken der Spielzeugherstellung in 2-3 Kursen; Oster- und Weihnachtsaktionen
10. -
11. Dokumentationen zu den Sonderausstellungen
12. -
13. Inventar des Museums der Deutschen Spielzeugindustrie mit Trachtenpuppensammlung sowie Inventar des Neustadter Heimatmuseums
14. Museum
15. -

Niedernberg

1. **Geschichtsverein Niedernberg e. V.**

2. Förderung und Ausbau des Bewußtseins der Geschichte Niedernbergs; Sicherung aller historischen, kulturellen und künstlerischen Denkmäler und Dokumente Niedernbergs vor Vernichtung, Verunstaltung und Abwanderung; Beratung der Einwohner Bürger in Bezug auf ein einheitliches, der Geschichte Niedernbergs entsprechendes Ortsbild; Einrichtung und Erhaltung eines die Ortsgeschichte veranschaulichenden Museums; Stellungnahme zu Entwicklungen und Maßnahmen, die das Ortsbild oder die Gemarkung grundlegend verändern
3. Eberhard Lehr, Am Sportfeld 51, 63843 Niedernberg
4. Wie 3.
5. Irmgard Ullrich, Bayernstr. 2, 63843 Niedernberg
6. 17.10.1985
7. 16.01.1986
8. 52
9. 5-6 Monatstreffen mit Referaten und Diavorträgen; ein bis zwei Exkursionen zu Museen oder Ausstellungen; Sammlung zur Volkskunde; Arbeitskreise: Mundart, Ortsbild
10. -
11. -
12. -
13. Volkskundliche Sammlung im Aufbau
14. Mittelalterlicher Befestigungsturm, Bauerngarten
15. -

Niedersteinbach

1. **Heimatforschung Niedersteinbach/Brucken**
2. Mithilfe bei der Erhaltung historisch bedeutsamer Bauwerke; Veröffentlichung von geschichtlichen Beiträgen durch Vorträge, Ausstellungen und Führungen; Pflege des heimatlichen Brauchtums
3. Helmut Hein, Kahlmühlenweg 6, 63776 Niedersteinbach
4. Erhard Lorenz, Alzenauer Str. 59, 63776 Niedersteinbach
5. Karlheinz Bergmann, Rauchwiesenweg 13, 63776 Niedersteinbach
6. 26.10.1990
7. 06.11.1990
8. 32
9. Dreikönigswanderung an historische Stätten oder Museen mit Führung; Bilderausstellung von Ortsgeschehnissen; Arbeitseinsatz an der Burgruine Hüttelngesäß und an der alten Schule; Aufbau eines Archives in der alten Schule

10. -
11. -
12. -
13. Ca. 600 Bilder und 30 Bücher bzw. Urkunden; Archiv in der alten Schule in Brücken im Aufbau
14. Archiv im Aufbau; Betreuung der Burgruine Hüttelngesäß
15. -

Nüdlingen

1. **Heimatverein Nüdlingen e. V.**
2. Den Heimatgedanken zu pflegen und die Werte der fränkischen Heimat zu erhalten. Insbesondere die Pflege alter Volkssitten und Gebräuche, der Schutz und die Pflege historischer Heimatwerke
3. Günter Horst, Mühlgasse 1, 97720 Nüdlingen
4. Wie 3.
5. Manfred Fleischmann, Kreuzgasse 7a, 97720 Nüdlingen
6. 1954
7. 07.03.1960
8. 133
9. Jährlich Mitte August Bergfest
10. -
11. -
12. -
13. -
14. Vereinseigenes Heimatmuseum mit ca. 3500 Exponaten, Denkmäler
15. -

Nürnberg

1. **Gesellschaft für Familienforschung in Franken e. V.**
2. Pflege und Förderung der Familienkunde in allen ihren Zweigen durch Forschung, Belehrung und Anregung auf wissenschaftlicher Grundlage
3. GFF, (Staatsarchiv), Archivstraße 17, 90408 Nürnberg
4. Eberhard Krauß, Regensburger Str. 30, 90408 Nürnberg
5. Rolf Harald Haus, Seeweg 10, 90427 Nürnberg
6. 08.11.1921

7. 22.04.1986
8. 780
9. Genealogische Abende, 4. Donnerstag im Monat; Zusammenkünfte Unterfranken: einmal monatlich Samstags; Zusammenkünfte Oberfranken: einmal monatlich am letzten Samstag; GFF Genisys-PC-Gruppe, einmal monatlich Mittwochs; jährliche Exkursionen
10. "Blätter für Fränkische Familienkunde" 1926 - 1992
11. Quellen und Forschungen zur fränkischen Familiengeschichte, 3 Bde. 1985-1992; Freie Schriftenfolge 1. Bd. (1924) - 21. Bd. (1989); Mitteilungen der Gesellschaft für Familienforschung in Franken e. V., erscheinen seit 1990 halbjährlich
12. -
13. Archiv und Bibliothek der Gesellschaft im Staatsarchiv Nürnberg; zum Thema Genealogie, Heraldik und Geschichte ca. 4.000 Bücher und Mappen
14. -
15. -

Nürnberg

1. **Naturhistorische Gesellschaft Nürnberg e. V.**
2. Förderung von Naturwissenschaften und damit verwandten Geisteswissenschaften, deren Forschung sowie Förderung von Erziehung und Volksbildung
3. Naturhistorische Gesellschaft e. V., Gewerbemuseumsplatz 4, 90403 Nürnberg
4. Rainer Ott, Karlstädter Str. 4, 90427 Nürnberg
5. Gisela Stellmacher, Kobergerstr. 32, 90408 Nürnberg
6. 22.10.1801
7. 24.03.1993
8. 1979
9. -
10. Jahresmitteilungen: Natur und Mensch, letzter Band 1991
11. -
12. -
13. Museum; Freilandaquarium und -terrarium
14. -
15. -

Nürnberg

1. **Verein für Geschichte der Stadt Nürnberg e. V.**
2. Kenntnis der geschichtlichen Entwickung der Stadt Nürnberg und ihres ehemaligen reichsstädtischen Territoriums zu fördern, die Quellen hierzu zu erschließen und wissenschaftlich zu verarbeiten, sowie darüber hinaus das Interesse für die Geschichte Nürnbergs in der Bevölkerung zu beleben
3. Egidienplatz 23 (Stadtarchiv), 90403 Nürnberg
4. 2. Bürgermeister Willy Prölß, Kahlbergweg 1, 90403 Nürnberg
5. Dr. Michael Diefenbacher, Ringstr. 17, 91560 Heilsbronn
6. 17.01.1878
7. 06.02.1990
8. 1032
9. 8 wissenschaftliche Vorträge, eine Exkursion, 2-4 Ausstellungsbesuche/Führungen
10. Mitteilungen des Vereins für Geschichte der Stadt Nürnberg 1 (1880) - 78 (1991)
11. Nürnberger Forschungen, Bd. 1, 1941 - Bd. 26, 1989
12. -
13. Landesgeschichtlich orientierte, für Mitglieder zugängliche Bibliothek mit ca. 12.000 Bänden in der Geschäftsstelle
14. -
15. Hans Hubert Hofmann, Die Mitteilungen des Vereins für Geschichte der Stadt Nürnberg (= Wegweiser in das landesgeschichtliche Schrifttum 4), Würzburg 1950

Oberammergau

1. **Freundeskreis Pilatushaus e. V.**
2. Unterstützung der Gemeinde Oberammergau bei Sanierung, Restaurierung und Nutzung des Pilatushauses. Pflege der kulturellen Belange in Oberammergau (Denkmalschutz)
3. Freundeskreis Pilatushaus e. V., Dorfstraße 10, 82487 Oberammergau
4. Annelies Buchwieser, Dorfstr. 10, 82487 Oberammergau
5. Herbert Schneider, Moosgasse 7, 82487 Oberammergau
6. 26.06.1981
7. 26.06.1981
8. 305
9. Ausstellungen

10. -
11. -
12. Oberammergau, damals und heute; Der Lüftlmaler F.S. Zwinck; Das Pilatushaus in Oberammergau
13. Sammlung historischer Fotografien von Oberammergau seit 1870 - 1930
14. -
15. -

Oberaudorf

1. **Historischer Verein Audorf e. V.**
2. Erforschung und Darstellung der Geschichte Oberaudorfs; Förderung einschlägiger Forschungen und der Heimatkunde; Herausgabe und Förderung einschlägiger Veröffentlichungen
3. -
4. Max Arbinger, Kufsteiner Str. 18, 83080 Oberaudorf
5. Helmut Meißner sen., Bahnhofallee 18, 83080 Oberaudorf
6. 16.02.1989
7. 01.12.1990
8. 65
9. Ca. 3-4 Vorträge, ca. 2-3 Exkursionen
10. -
11. Die jeweiligen Vorträge werden gedruckt und den Mitglieder kostenlos zur Verfügung gestellt
12. -
13. -
14. -
15. -

Oberbessenbach

1. **Heimatbund Oberbessenbach e. V.**
2. Erforschung der Geschichte; Pflege und Erhaltung von Denkmälern und Kulturgütern; Erhaltung alter Sitten und Bräuche; Naturschutz
3. Heimatbund Oberbessenbach, Geschäftsstelle, Am Felsberg 11, 63856 Oberbessenbach
4. Franz Bilz, Am Felsberg 11, 63856 Oberbessenbach

5. Dr. A. Becker, Bessenbachstr. 59, 63856 Oberbessenbach
6. 19.11.1984
7. 25.03.1985
8. 94
9. Heimatgeschichtlicher Vortrag; Ottilienmarkt; Praktizierung alter Bräuche; Säen-Ernten-Dreschen; Wallfahrt; Flurbesichtigungen; Dorffest
10. -
11. -
12. Die Geschichte von Oberbessenbach
13. Kopien von Archivmaterial
14. Posthalter Kreuz; Ottilienbrunnen, Kriegerdenkmal
15. -

Obergünzburg

1. **Heimatlergemeinde Obergünzburg**
2. Orts- und Heimatgeschichte, Flur- und Naturdenkmale, Ortsmuseum
3. Wolfgang Hönig, Grüntenweg 1, 87634 Obergünzburg
4. Rupprecht Frhr. von Andrian-Werburg, Hofgut Reichholz, 87634 Obergünzburg
5. Jörg Bäurle, Castellstr. 2, 87634 Obergünzburg
6. 10.04.1919
7. 22.05.1919
8. 50
9. Jährlich 6 Mitgliederversammlungen, 12 Sitzungen eines Arbeitskreises und ca. 4 Exkursionen
10. -
11. Jahresheft 1, 1991; Heft 2, 1993
12. -
13. -
14. Museum Obergünzburg
15. -

Oberstaufen

1. **Heimatdienst Oberstaufen e. V.**

2. Trägerschaft für das Heimatmuseum Oberstaufen; Förderung und Erhaltung von Brauchtum, Mundart, Tracht, Denkmalschutz, Naturschutz, Geschichts- und Heimatforschung
3. Georg Wagner, Berg 9, 87534 Oberstaufen
4. Wie 3.
5. Fritz Haug, Kurverwaltung, 87534 Oberstaufen
6. 15.08.1938
7. 01.03.1983
8. 360
9. Museumsführungen, ca. 2 Sonderausstellungen, 2 Exkursionen in der Allgäuer Heimat, eine Fahrt jährlich im Umkreis bis zu 300 km, eine 5-Tagesfahrt in Europäische Länder
10. -
11. -
12. -
13. Bilder heimischer Künstler und Maler, Sammlung von Geschichts- und Heimatbüchern
14. Museum und Freigelände
15. Thilo Ludewig, Chronik von 1938-1988, 1988

Oberviechtach

1. **Heimatkundlicher Arbeitskreis Oberviechtach e. V.**
2. Erforschung, Erfassung und Bewahrung von Geschichte, Brauchtum und historischer Bausubstanz der Stadtgemeinde Oberviechtach
3. -
4. Ludwig Schießl, Am Schützenheim 5, 92526 Oberviechtach
5. Siegfried Brauer, Bürgermeister-Fuhrmann-Str. 7, 92526 Oberviechtach
6. 04.10.1989, als loser Verband schon seit 29.12.1987 bestehend
7. 04.10.1989
8. 39
9. Vorträge über Ahnenforschung, Hexenkult, wissenschaftliches Arbeiten, Mundart, Schützentradition (1990/91)
10. -
11. Oberviechtacher Heimatkundliche Beiträge, Bd. 1, 1991 - Bd. 2, 1992
12. Stadtführer Oberviechtach, Bildband Oberviechtach
13. Betreuung des Eisenbarth-Archivs. Daneben baut der Arbeitskreis eine eigene Bibliothek auf
14. -

15. L. Schießl, in: Verhandlungen des Historischen Vereins für Oberpfalz und Regensburg 129 (1989), S. 381 f.; derselbe, in: Jahresband zur Kultur und Geschichte im Landkreis Schwandorf, 2. Bd., 1991, S. 120-122

Oettingen

1. **Heimatverein Oettingen e. V.**
2. Pflege und Fortentwicklung des heimat- und kulturgeschichtlichen Bestands der Stadt Oettingen sowie der volkskundlichen Werte; Betreuung und weiterer Ausbau des Heimatmuseums; Verschönerung der Stadt insbesondere Erhaltung des historischen Stadtbildes; Förderung von Landschaftspflege und Naturschutz
3. Heimatmuseum Oettingen, Hofgasse 14, 86732 Oettingen i. Bay.
4. Karl Georg Miller, Munningerstr. 6, 86732 Oettingen i. Bay.
5. Eva-Maria Vogelgsang, Mörikestr. 3, 86732 Oettingen i. Bay.
6. 11.06.1908
7. 1973
8. 236
9. Ausstellungen im Heimatmuseum, Vortragsveranstaltungen, Beteiligung am Ferienprogramm der Stadt, Einzelaktionen
10. -
11. Schriftenreihe des Heimatvereins Oettingen, Heft 1: Herbert Dettweiler, Vom Flachs zur Tracht, Leinenherstellung im ländlichen Raum, Oettingen, 1984; Heft 2: Wolfgang Pülhorn, Aus alamannischen Gräbern in Westheim, Oettingen, 1984; Heft 3: Werner Paa, Loscodica - Römerkastell und Vicus von Munnigen, Oettingen, 1985; Heft 4: Voler von Volckamer, Das Oettingische Wochenblatt in den beiden ersten Jahrzehnten seines Bestehens, Oettingen, 1987; Heft 5: Helmut Jung, Für die Ähnlichkeit des Protraits wird gebürgt...Photographen in Oettingen vor dem Ersten Weltkrieg, Oettingen, 1989; Heft 6: Petra Ostenrieder, Rund ums Bier - Zur Geschichte der Oettinger Brauereien und Wirtshäuser, Oettingen 1990; Heft 7: Helmut Jung, Seit März 1946 treffen Transporte laufend ein... Zur Geschichte des ehemaligen Flüchtlingslagers Heuberg, Oettingen, 1991
12. -
13. Sammlung: Heimatmuseum Oettingen, Hofgasse 14, 86732 Oettingen i. Bay.
14. Der Verein ist zusammen mit der Stadt Oettingen Träger des Heimatmuseums Oettingen (Sammlungsbestand beim Verein)
15. -

Ohlstadt

1. **Heimatverein Ohlstadt e. V.**
2. Pflege von Brauchtum und Tracht. Entwurf des "Zeitablauf der Ortsgeschichte" und Ergänzung des "Ohlstadter ABC". Einrichtung, Pflege und Erweiterung der Ohlstadter Heimatstuben
3. Albert Dieringer, Pointweg 5, 82441 Ohlstadt
4. Wie 3.
5. Hanna Wittig, Oberdorfweg 5, 82441 Ohlstadt
6. 11.04.1985
7. 11.04.1985
8. 85
9. Monatsversammlungen; von Frühjahr bis Herbst wöchentliches Öffnen der Ohlstädter Heimatstuben für die Dorfbewohner und Fremde; Erweiterung der Sammlungen und Ergänzung der Schaustücke, Exponate und des Inventars; Jugendstunden und Ausflüge
10. -
11. -
12. -
13. Bilder- und Photosammlung von A - Z über frühere Familienfotos, Gemeindeansichten, Maibaumaufstellung, Musikkapellen, Bobsport, Küchengeräte, Milchzentrifugen, Modell einer Schleifmühle und eines Kalkofens, Tonscherbenfunde von der Veste Schauenburg, Karolingische Chorschrankenfragmente aus Weichs, ausgestopfte Vögel, Aufzählung aller Schulmeister, Lehrer und Pfarrherrn, Geschichte des Ortsteils und der früheren Pfarre Weichs, Sterbebildersammlung von Ortsverstorbenen
14. Ohlstadter Heimatstuben (Trachten, Bauernmöbel, Bauernhandwerkszeug und Handwerkszeuge einheimischer Handwerker)
15. -

Passau

1. **Verein für Ostbairische Heimatforschung e. V.**
2. Förderung der Heimatforschung als Grundlage der Heimatpflege und Unterstützung des nunmehr in die Universität Passau eingegliederten Instituts für Ostbairische Heimatforschung
3. Schustergasse 19/21, 94032 Passau
4. Dr. Reinhold Plenk, Rennweg 10, 94034 Passau
5. Dr. Max Brunner, Residenzplatz 12, 94032 Passau

6. 1926
7. 1987
8. 1088
9. 2 Exkursionen, 5-6 Vortragsveranstaltungen zusammen mit dem Institut, 2 historische Stadtführungen, Bearbeitung der Hausgeschichte von bekannten Häusern, Aufnahme der Passauer Inschriften bis 1662
10. Ostbairische Grenzmarken seit 1957, zuletzt 34 (1992).
11. Rudolf Zinnhobler (Hrsg.), Die Passauer Bistumsmatrikeln Bd. 4 (Neue Veröffentlichungen des Instituts für Ostbairische Heimatforschung der Universität Passau Nr. 45a), 1991; Martin Buchner, Das Passauer Nibelungenspiel
12. -
13. Bibliothek mit ca. 14.000 Bänden, die in der Universitätsbibliothek des Instituts der Allgemeinheit zur Verfügung stehen
14. -
15. Porträt des Vereins erschienen in: Schönere Heimat 80 (1991), S. 91 f. und in der Bayer. Staatszeitung Nr. 26 vom 26.06.1992; Entstehung und Geschichte v. Verein u. Institut in: "Passauer Neue Presse" 05.08.1991, 07.08.1991, 13.08.1991

Peißenberg

1. **Verein der Bergbaumuseumsfreunde Peißenberg e. V.**
2. Ideelle und materielle Förderung der Erstellung und der Ausgestaltung des Bergbaumuseums an der historischen Stelle des Tiefstollenmundloches aus dem Jahr 1869 zu Peißenberg. Das Museum soll die Geschichte des Bergbaus unter besonderer Berücksichtigung des mehr als 150-jährigen industriellen Bergbaus in Peißenberg darstellen
3. Konrad Fünfgelder, Thalackerstr. 44, 82380 Peißenberg
4. Wie 3.
5. Josef Heinlein, Bruckwaldweg 2, 82383 Hohenpeißenberg
6. 25.11.1978
7. 25.11.1978
8. 123
9. -
10. -
11. Peißenberger Bergbaumuseum, Heft 1, 1981
12. Stippl und Biller, Bergbau und Bergbaumuseum am Hohen Peißenberg; D. Ursel, Der Kohlenbergbau im Pfaffenwinkel, 1985; Heinlein, Vom Tiefstollen zum Cölestinschacht (Wanderführer), 1980

13. Archivalien, Bilder (Fotos, Pläne), Versteinerungen, Mineralien, Maschinen, technische Arbeitsgeräte, die mit dem staatlichen Kohlebergbau am Hohen Peißenberg zusammenhängen
14. Bergbaumuseum Peißenberg
15. -

Pfaffenhofen a. d. Ilm

1. **Heimat- und Kulturkreis Pfaffenhofen an der Ilm e. V.**
2. Förderung der Heimat- und Kulturpflege
3. Clemens Fehringer, Lohnmühle 21, 85276 Pfaffenhofen
4. Manfred Moll, Joseph Fraunhofer Str. 9, 85276 Pfaffenhofen
5. Heinrich Saalfeld, Hans Demmelmeier Str. 2, 85276 Pfaffenhofen
6. 29.11.1968
7. 26.06.1979
8. 151
9. Heimatkundliche und kulturgeschichtliche Vorträge, Exkursionen und Fahrten
10. -
11. D'Hopfakirm, Heimatkundliche Schriftenreihe des Landkreises Pfaffenhofen an der Ilm, Heft 1, 1975 - Heft 18, 1992
12. Unsere Heimat, Historische Blätter für den Landkreis Pfaffenhofen (vierteljährlich)
13. Archivalien, Bezirksamtsblätter, Fotos, Dia-Reihen und Bücher
14. Heimatmuseum und Museum für religiöse Kunst Pfaffenhofen
15. -

Pfreimd

1. **Der Stadtturm, Heimatkundlicher und Historischer Arbeitskreis Pfreimd e. V.**
2. Erforschung der Geschichte der Stadt Pfreimd und ihrer Umgebung sowie die Stärkung des Geschichtsbewußtseins der Bevölkerung; Verbreitung geschichtlichen Wissens über die Heimat durch Veröffentlichungen, Vorträge, Ausstellungen und Führungen; Einsatz für die Erhaltung der historischen Bausubstanz der Stadt Pfreimd und ihrer Kulturgüter für die Allgemeinheit
3. -
4. Harald Jung, Kuglerstr. 20, 92536 Pfreimd

5. Anton Rauen, Mühlleite 3, 92536 Pfreimd
6. 27.10.1984
7. 27.10.1984
8. 67
9. Ein "großer" Vereinsausflug (ein bis zwei Tage); ein bis zwei "kleine" Vereinsausflüge - Tagesfahrten in nähere Umgebung; bisher drei Ausstellungen (Pfreimder Maler, Leuchtenberger Münzen, Pfreimd und die Leuchtenberger); mehrere Arbeitskreise zu einzelnen Problemen (z.B. Erhaltung des Turmmaurerturms - ältestes Gebäude in Pfreimd)
10. -
11. Der Stadtturm, Jg. 1, 1985 - Jg. 9, 1993
12. -
13. -
14. -
15. -

Pilsting

1. **Interessengemeinschaft für Heimatgeschichte Pilsting**
2. Förderung des Denkmalschutzes und der Heimatgeschichte (Unterstützung der Kreisarchäologie bei Grabungskampagnen, Absuchen des Geländes nach vorgeschichtlichen Flächen, Auswerten von Archiven, Veröffentlichungen über die Ortsgeschichte in der Zeitung und anderen Publikationen, Durchführung von Ausstellungen und Vorträgen)
3. -
4. Werner Petschko, Josef-Pöringer-Str. 10a, 94431 Pilsting
5. Werner Häring, Birkenstr. 11, 94431 Pilsting
6. 22.11.1985
7. 22.11.1985
8. 39
9. Heimatabend mit Vorstellung des "Heimat-Jahrbuches" sowie Vorführung alter Filme oder von Dia-Vorträgen. Ausstellungen und Vorträge; Organisation und Durchführung von historischen Festen und Ortsjubiläen
10. -
11. Heimat-Jahrbuch für die Marktgemeinde Pilsting, Bd. 1, 1986-Bd. 7, 1992
12. Einzelartikel in Festschriften (600 Jahre Marktrechte Pilsting, 1200 Jahre Großköllnbach)
13. Photo-Archiv historischer und aktueller Aufnahmen (Personen, Alltagsleben, Orts- und Häuseransichten)
14. Betreuung des Historischen Marktarchivs der Marktgemeinde Pilsting

15. Jährliche Fortschreibung der Vereins-Chronik in den "Heimat-Jahrbüchern" Nr. 1 bis Nr. 7; Werner Petschko, Interessengemeinschaft für Heimatgeschichte Pilsting, Grafenau, 1989, in: Heimat Ostbayern 5 (1989), S. 81-83

Plattling

1. **Sankt Johann Nepomuk-Verein Plattling e. V.**
2. Heimat- und Brauchtumpflege
3. Günther Rösch, Passauer Straße 20, 94447 Plattling
4. Wie 3.
5. Max Loher, Straubinger Straße 89, 94447 Plattling
6. 26.05.1864
7. 24.03.1985
8. 330
9. Jährlich "Jahrtag" mit Festgottesdienst und Mitgliederversammlung; alle 2-3 Jahre Heimatfest (Nepomukfest) mit Wasserprozession auf der Isar
10. Dokumentation (Katalogisierung der Nepomuk-Kirchen, Figuren usw.) für Niederbayern ist für 1993 geplant
11. -
12. -
13. Vollständig fortlaufende Protokoll-Bücher von 1872 bis heute. Einige Schrift- und Bilddokumentationen
14. Parkanlage mit Brunnen; Nepomuk-Kapelle
15. -

Puschendorf

1. **Heimatverein Puschendorf**
2. Heimatkunde und Heimatpflege
3. 1. Bürgermeister Johann Sämann, Rathaus, Neustädter Str. 7, 90617 Puschendorf
4. Wie 3.
5. Albert Trommer, Frankenstraße 3, 90617 Puschendorf
6. 23.10.1990
7. 23.10.1990
8. 78
9. Vorträge, Exkursionen, Heimatforschung in Arbeitskreisen

10. In Planung
11. -
12. -
13. -
14. -
15. -

Rauhenebrach

1. **Heimatgeschichtlicher Arbeitskreis der Außenstelle Rauhenebrach der Volkshochschule Haßberge**
2. Keine Satzung
3. Friedrich Klaus, Bergstraße 45 - Koppenwind, 96181 Rauhenebrach
4. Wie 3.
5. -
6. 1981
7. -
8. 11
9. Regelmäßige monatliche Sitzungen, jährlicher Ostermarkt in Prölsdorf (Rauhenebrach)
10. -
11. -
12. Aus unserer Heimat, in: Steigerwaldkurier 1992/93, Der Steigerwald - Zeitschrift des Steigerwaldclubs, Die Geschichte der Pfarrei St. Sebastian in Prölsdorf
13. -
14. -
15. -

Rednitzhembach

1. **Arbeitskreis Heimat und Geschichte Rednitzhembach e. V.**
2. Wissenschaftliche Erforschung des heimatgeschichtlichen Raumes, Pflege örtlicher Kunst und Kultur, Landschafts- und Denkmalschutz im Gemeindegebiet sowie Förderung des Heimatgedankens und des Brauchtums insbesondere im Gemeindegebiet Rednitzhembach
3. -

4. Helmut Leßner, Ringstr. 36, 91126 Rednitzhembach
5. Gertrud Weber, Am Steinbruch 26, 91126 Rednitzhembach
6. 07.01.1986
7. 07.01.1986
8. 93
9. Monatliches "Arbeitstreffen" im Vereinshaus "Hirtenhaus", Referate von heimatkundlichen Referenten aus Nürnberg, Schwabach und dem Landkreis Roth, Exkursionen im Umkreis von ca. 50 km von Rednitzhembach zu Museen, historischen Stätten, Gebäuden, Kirchen, Ausstellungen etc.
10. -
11. "Jahresgabe", die sich auf ältere und neuere Geschichte von Rednitzhembach bezieht
12. -
13. Sammlung von Gegenständen, Briefen und Schriften, die von Rednitzhembacher Bürgern gespendet bzw. ausgeliehen werden, Bildarchiv
14. -
15. -

Regensburg

1. **Arbeitskreis für Flur- und Kleindenkmalforschung in der Oberpfalz e. V.**
2. Pflege, Erforschung und Erhaltung der Flur- und Kleindenkmäler in Ostbayern. Der Satzungszweck wird verwirklicht insbesondere durch Publikationen sowie Öffentlichkeitsarbeit in Form von Beratung und Unterstützung der Eigentümer von Flur- und Kleindenkmälern bei deren Erhaltung und Pflege
3. Bernhard Frahsek, Einhausen 18, 93138 Lappersdorf
   Geschäftsstelle: AFO, Hoppestr. 6, 93049 Regensburg
4. Dr. Ludwig Zehetner, Rathausstr. 31, 93138 Lappersdorf
5. Bernhard Frahsek, Einhausen 18, 93138 Lappersdorf
6. 20.06.1985 (als Arbeitskreis 1978)
7. 20.06.1985
8. Nach Satzung auf die 7 Gründungsmitglieder beschränkt; Zahl der Förderer und Mitarbeiter ca. 120
9. Ostbayerische Jahrestagung zur Flur- und Kleindenkmalforschung (wiss. Referate und Exkursion, jährlich wechselnder Tagungsort), Arbeitssitzungen, praxisbezogene Tagungen zur Denkmalpflege, Bildausstellungen (Flurdenkmäler) an verschiedenen Orten, Exkursionen, Diavorträge u. ä. an verschiedenen Orten, Beratung bei Sanierung und Erfassung von Flurdenkmälern in der Oberpfalz und in angrenzenden Gebieten

10. Beiträge zur Flur- und Kleindenkmalforschung in der Oberpfalz, Bd. 1 (1978) - Bd 16 (1993)
11. Monographien zur Oberpfälzer Flur- und Kleindenkmalforschung, Heft 1, 1980-Heft 36, 1992
12. Bibliographie zur Oberpfälzer Flur- und Kleindenkmalforschung, Handreichungen zur Praxis der Flurdenkmalpflege
13. Bild-Archiv, Bibliothek, Sammlung von einschlägigen Manuskripten (Forschungsergebnisse)
14. Betreuung der vom AFO geschaffenen Denkmalwanderwege (Lappersdorf und Wolfsegg, Landkreis Regensburg)
15. Ludwig Zehetner, Zum 10-jährigen Bestehen... In: BFO 10 (1987), S. 3-9; AFO-Faltblatt, Neufassung 1993

Regensburg

1. **Geschichtswerkstatt Regensburg und Ostbayern e. V.**
2. Erforschung von Stadt- und Regionalgeschichte unter besonderer Berücksichtigung der alltäglichen Lebenszusammenhänge der bisher von der Geschichte an den Rand Gedrängten, Ausgeschlossenen, Unterdrückten und Beherrschten
3. Peter Heigl, Heckenweg 7, 93049 Regensburg
4. Wie 3.
5. Paul Köllner, Draberstr. 10, 93152 Etterzhausen
6. 10.09.1984
7. 10.09.1984
8. 10
9. Ein Arbeitskreis; Betreuung von Schulfacharbeiten in Geschichte; Stadtführung
10. -
11. Peter Heigl und Hans Pelander (Hg.), Eine andere Stadtführung, Regensburg 1933-1945(1985)
12. Einzelveröffentlichungen in Tageszeitungen
13. -
14. -
15. -

Regensburg

1. **Heimatkundlicher Arbeitskreis im Oberpfälzer Waldverein**

2. Keine Satzung
3. Petra Vorsatz, Pfarrplatz 4, 92637 Weiden
4. Annemarie Krauß, Hinterm Wall 2b, 92637 Weiden
5. Adalbert Busl, Kettelerstr. 4a, 95676 Wiesau
6. 29.01.1955
7. -
8. 70
9. Vortragsabende; Exkursionen
10. Oberpfälzer Heimat, Bd. 1 (1956) - Bd. 37(1993)
11. Weidener Heimatkundliche Arbeiten, Heft 1, 1957 - Heft 21, 1992
12. -
13. Büchereien
14. -
15. Verhandlungen des Historischen Vereins für Regensburg und die Oberpfalz 129 (1989), S. 387

Regensburg

1. **Heimatverein Statt am Hoff e. V.**
2. Pflege der Tradition und des Selbstwertgefühls der kurbaierischen Stadt Stadtamhof
3. Ing. Richard Reil, Dandlstr. 2, 93059 Regensburg
4. Alfred Hofmaier, Bürgermeister a. D., Am Gern 6, 93057 Regensburg
5. H. H. Dr. Max Hopfner, Domkapitular, Stadtamhof 17, 93059 Regensburg
6. 12.02.1981
7. 13.11.1985
8. 106
9. 2 Vollversammlungen, Theaterbesuche, Heimatfeste
10. -
11. -
12. Statt am Hoff - Buch I; Stadtamhof im 19. Jahrhundert (II)
13. Kleine Sammlung von geschenkten Artikeln
14. -
15. -

Regensburg

1. **Historischer Verein für Oberpfalz und Regensburg**
2. Wissenschaftliche Erforschung der Geschichte der Oberpfalz und Stärkung des Geschichtsbewußtseins der Bevölkerung; Verbreitung geschichtlichen Wissens über die Oberpfalz, insbesondere durch Herausgabe der Vereinszeitschrift, Vorträge und Führungen
3. Dachauplatz 4, 93047 Regensburg
4. Dr. Werner Chrobak, Bischöfliche Zentralbibliothek, St. Petersweg 11-13, 93047 Regensburg
5. Dr. Martin Angerer, Stadtmuseum, Dachauplatz 2-4, 93047 Regensburg
6. 20.11.1830
7. 30.04.1973
8. 1088
9. Monatsvorträge; 2 Jahresexkursionen; Böhmisch-oberpfälzische Archivsymposien; Kooperationsveranstaltungen mit der christlich-jüdischen Gesellschaft, dem Katholischen Bildungswerk und der Volkshochschule
10. Verhandlungen des Historischen Vereins für Oberpfalz und Regensburg, Bd. 1 (1831) - Bd. 132 (1992)
11. Archivrepertorien, I. Teil: Manuskripte, Heft 1: Manuskripte Oberpfalz, 1993
12. Oberpfalz-Bibliographie 1976-1983 und 1984, Regensburg 1987
13. Vereinsarchiv (Urkunden, Manuskripte, Akten zu Regensburg und Oberpfalz); Vereinsbibliothek (ca. 42.000 Bände)
14. -
15. Georg Völkl, Werden und Wirken des Historischen Vereins für Oberpfalz und Regensburg 1830-1955, in: Verhandlungen des Historischen Vereins für Oberpfalz und Regensburg 96 (1955), S. 7-70; Paul Mai, 150 Jahre Historischer Verein, in: Verhandlungen des Historischen Vereins für Oberpfalz und Regensburg 120 (1980) S. 7-23; jeweils aktuellste Erstellung der Oberpfalz-Bibliographie im Verhandlungsband

Reiterswiesen

1. **Heimatverein Botenlauben Reiterswiesen e. V.**
2. Förderung und zeitgemäße Fortentwicklung heimatlichen Kulturgutes und Brauchtums, die Bau- und Denkmalpflege sowie Schutz und Bewahrung der gewachsenen Kulturlandschaft in der Gemarkung Reiterswiesen.
3. Günter Immler, Höhenstr. 15, 97688 Bad Kissingen
4. Wie 3.

5. Werner Vogel, Hans-Sachs-Str. 20, 97688 Bad Kissingen
6. 21.11.1984
7. 08.03.1985
8. 201
9. Mundart-Theaterstück, Heimatabend; Osterbrauchtum, Brunnen, Baum; ein Volkstanzabend; Jugend-Volkstanzgruppen; historisches Burgfest auf der Burgruine Botenlauben; Museumsausflug
10. Heimatblatt, 3 mal jährlich, 1 (1985) - 3 (1992)
11. -
12. -
13. Heimatstube mit dörflicher Historie und geschichtlicher Aufarbeitung des Minnesängers Otto v. Botenlauben (Henneberger)
14. "Heimatstube" (kleines Dorfmuseum)
15. -

Rimpar

1. **Freundeskreis Schloß Grumbach**
2. Erhaltung der künstlerischen Werte und Erforschung der Geschichte des Schlosses Grumbach; Durchführung von Konzerten, Dichterlesungen, Ausstellungen, Vorträgen und Führungen
3. -
4. Edwin Hamberger, am Schleifweg 4, 97222 Rimpar
5. Prof. Dr. Detlef Busche, Josef Heger Str. 6, 97222 Rimpar
6. 16.09.1980
7. 30.11.1980
8. 95
9. Konzerte, Exkursionen zu Burgen und Schlößern, Referate, Ausgrabungen im Schloßbereich, Brauchtumspflege, Trachtengruppe, Restaurierungen von Fundgegenständen, Unterhalt eines kleinen Museum. Restaurierung von Baulichkeiten im Schloß sowie auch außerhalb z.B. einer historischen Brunnenstube im Gramschatzer Wald. Schloßführungen u.ä.
10. -
11. -
12. E. Hamberger, Die Inventare der Mobilien, 1984; ders., Das fürstliche Landschloß zu Rimpar im 17. und 18. Jahrhundert, Studienband Mainfränkische Geschichte, 1988
13. Kleines Museum im Schloß mit 14 Virtrinen und Schaukästen bestückt mit Exponaten aus dem Schloß und Ausgrabungen, Trachtensammlung, Foto-Archiv u.ä.

14. Historische Brunnenstube um 1500 im Gramschatzer Wald
15. 10 Jahre Freundeskreis Schloß Grumbach, Ausstellung 21. - 29.4.90 im Rittersaal Schloß Grumbach, Redaktion E. Hamberger

Rinchnach

1. **Guntherverein Rinchnach, Heimatfreunde zur Förderung der St.-Gunther-Geschichte**
2. Erforschung der St.-Gunther-Geschichte sowie der Geschichte des ehemaligen Klosters Rinchnach. Abhaltung von Festen und Kulturveranstaltungen, um diese Geschichte unter der Bevölkerung wachzuhalten und als Kulturerbe an die Nachwelt weiterzugeben
3. Johann Segl 7, Am Käserhügl 17, 94269 Rinchnach
4. Xaver Berger Klessinger Str. 2, 94269 Rinchnach
5. Michael Schaller, Kirchfeldstraße 7, 94269 Rinchnach
6. 02.03.1950
7. 17.12.1974
8. 24
9. Vorträge und Ausstellungen; St. Gunther-Festspiele (alle 4 Jahre, Freilichtbühne); Durchführung eines St. Gunther Volksfestes mit Gestaltung historischer Festzüge
10. Für 1993 erstmals geplant
11. -
12. -
13. Literatur zur St. Gunther-Geschichte; Alte Ansichten aus dem Gemeindebereich Rinchnachs
14. -
15. -

Roding

1. **Verein für Heimatgeschichte und Heimatpflege e. V. Roding**
2. Erforschung und Pflege der Heimatgeschichte; Heimatpflege; Förderung dieser Ideen bei der Bevölkerung
3. Verein für Heimatgeschichte und Heimatpflege, Reinwaldstr. 62, 93426 Roding
4. Josef Kilger, Reinwaldstr. 62, 93426 Roding
5. Georg Dieß, Adalbert-Stifter-Str. 3, 93426 Roding

6. 14.05.1984
7. 14.05.1984, letzte Änderung 19.12.1991
8. 120
9. Herausgabe des Jahrbuchs "Rodinger Heimat", Vorträge, Exkursionen, Pflege der Geselligkeit
10. Rodinger Heimat, Bd. 1 (1984) - Bd. 8 (1992)
11. -
12. -
13. Kleine Sammlung von Periodika anderer Vereine
14. -
15. Verstreut in der "Rodinger Heimat"

Rosenheim

1. **Historischer Verein Rosenheim e. V.**
2. Erforschung und Darstellung der Geschichte in Stadt und Landkreis Rosenheim, Förderung einschlägiger Forschungen und der Heimatkunde im allgemeinen sowie die Herausgabe und Förderung einschlägiger Veröffentlichungen
3. Ingeborg Armbrüster, Stadtarchiv Rosenheim, Max-Bram-Platz 2a, 83022 Rosenheim
4. Oberbürgermeister Dr. Michael Stöcker, Rathaus, Rathausstraße 17, 83022 Rosenheim
5. Walter Leicht M.A., Fuchsweg 6, 83024 Rosenheim
6. 1901
7. 06.03.1979
8. 302
9. 5 Vortragsabende und 2 Exkursionen
10. Das Bayerische Inn-Oberland, 1. Jg. (1901) - 51. Jg. (1992)
11. Quellen und Darstellungen zur Geschichte der Stadt und des Landkreises Rosenheim, 1. Bd. (1959) - 11. Bd. (1990)
12. -
13. Im Tauschverkehr erworbene Zeitschriften und Bücher sind in der Geschäftsstelle im Stadtarchiv öffentlich zugänglich
14. -
15. Walter Leicht, 90 Jahre Historischer Verein Rosenheim - Bilanz und Perspektiven, in: Das Bayerische Inn-Oberland 50 (1990)

Roßtal

1. **Heimatverein Markt Roßtal e. V.**
2. Pflege, Erhaltung und Dokumentation der Heimat- und Landeskunde; Förderung der Volkskunst; Unterhaltung einer heimatkundlichen Sammlung, kultureller und gesellschaftlicher Veranstaltungen
3. Herbert Knoll, Fichtenstr. 3, 90574 Roßtal
4. Georg Helmreich, Hochstr. 14, 90574 Roßtal
5. Dieter Koerber, Raffaelstr. 18, 90574 Großohrenbronn
6. 07.05.1979
7. 08.05.1979
8. 240
9. Ein bis zwei Sonderausstellungen; 3 Exkursionen; 3-4 Referate; Ostereiermarkt jeweils am Palmsonntag; Martini-Markt-Verkauf im November; Fränkisches Suppenessen
10. Roßtaler Heimatblätter (2 mal jährlich), 1980-1992
11. -
12. -
13. Heimatkundliche Sammlung, speziell Hausrat und Trachten; Eröffnung eines neuen Museumshofes im Juli 1993
14. -
15. -

Rothenbuch

1. **Heimat- und Geschichtsverein Rothenbuch**
2. Förderung von Kunst und Kultur; Erhaltung und Pflege von Kulturgut; Sicherung aller Denkmäler und Dokumente; Erforschung aller Bereiche der Ortsgeschichte
3. Josef Orth, Hauptstr. 10, 63860 Rothenbuch
4. Wolfgang Stegmann, Hauptstr. 20, 63860 Rothenbuch
5. Thomas Noll, Oelberg 9, 63860 Rothenbuch
6. 24.07.1986
7. 14.01.1988
8. 107
9. Ca. 4 Versammlungen zwecks Ausführung von Vorhaben; kleines Fest mit Ausstellungen und Werbung (alle 2 Jahre); Besuche auswärtiger Museen; Ausbau einer alten Scheune für den Verein
10. -

11. -
12. Heimatkalender mit alten Fotos vom Ort (seit 1993)
13. Ortsbezogene Sammlung von Bildern, Aufzeichnungen, Erinnerungen, Haushalts- und landwirtschaftlichen Geräten; kleine Bibliothek zur Heimat- und Ortsgeschichte
14. Betreuung und Restaurierung von Flurdenkmälern
15. -

Sailauf

1. **Förderkreis Sailauf**
2. Pflege von Kultur und Brauchtum mit Schwerpunkt Denkmalpflege
3. Fred Maier, Rathausstr. 18, 63877 Sailauf
4. Karl Strom, Zur Lauterhecke 28, 63877 Sailauf
5. Ferdinand Kraus, Zur Lauterhecke 4, 63877 Sailauf
6. 03.09.1978
7. 03.09.1978
8. 43
9. Arbeitssitzungen alle 6 Wochen; Diavorträge; Exkursionen; Wätzbärrewanderung
10. -
11. -
12. -
13. Dia-Serie über denkmalgeschützte Objekte
14. -
15. -

Sauerlach

1. **Förderverein Heimatfreunde Sauerlach e. V.**
2. Der Verein hat die Aufgabe, die bayerische Volksmusik, Mundart und Tänze zu fördern, Brauchum zu erforschen und zu beleben, die Heimatkunde zu pflegen, Heimatgeschichte zu erfassen und zu ergänzen, ein Heimatmuseum aufzubauen und die Ausstattung und den Betrieb zu fördern
3. Dagmar Gräfin von Matuschka, Oberbrandweg 2, 82054 Sauerlach
4. Wie 3.
5. Michael Grätz, Spatzenlohweg 16, 82054 Sauerlach

6. 07.06.1989
7. 18.09.1989
8. 80
9. Dichterlesung (mundartlich), Vortrag und Brauchtum, Exkursionen in andere Heimatmuseen, Ausstellungsbesuche, Arbeit im eigenen Museum
10. -
11. -
12. Bildband über die Gemeinde
13. Foto- und (landwirtschaftliche) Gerätesammlung (noch im Aufbau)
14. Heimatmuseum
15. -

Schillingsfürst

1. **Fremdenverkehrs- und Heimatverein e. V. Schillingsfürst**
2. Pflege der Heimatliebe und der Heimatkunde, Vermittlung der heimischen Kulturgüter durch die Herausgabe einer Vierteljahresschrift (Schillingsfürster Heimatgruß)
3. Städtisches Verkehrsamt im Rathaus
4. Hansgeorg Felker, Friedhofweg 6, 91583 Schillingsfürst
5. -
6. 1954
7. 13.04.1973
8. 298
9. Wanderwegemarkieren, Wanderungen, Exkursionen, Kinderbescherung zu Weihnachten, Sommerveranstaltungen zu Gunsten der Erhaltung unserer drei historischen Wassertürme.
10. Schillingsfürster Heimatgruß 1. Folge (1949) - 129. Folge (1992)
11. -
12. -
13. Heimatmuseum, das sich vor allem mit der hiesigen Wasserversorgungsproblematik und bäuerlichen Vergangenheit darstellt
14. -
15. -

Schiltberg

1. **Hofberg-Freilichttheater-Verein Schiltberg e. V.**
2. Förderung und Pflege historischer Freilichtspiele sowie Förderung und Heranbildung des geeigneten Nachwuchses; Förderung von Geschichts- und Heimatbewußtsein sowie Vermittlung von historischen Kenntnissen
3. Michael Schmidberger, Ruppertszeller Str. 3, 86576 Schiltberg
4. Wie 3.
5. Martin Lechner, Rosenweg 1, 86576 Schiltberg
6. 1953
7. 22.11.1986
8. 308
9. Historische Freilichtspiele (im Turnus von drei Jahren); Historische Exkursionen; Partnerschaftsaktivitäten mit dem oberösterreichischen Markt Schwertberg: Theaterfahrten, gemeinsame Aktionen bei historischen Festen; Diavorträge zur Heimatgeschichte (1993 in Zusammenarbeit mit der Volkshochschule); Jugendarbeit
10. Der Hofbergkurier 1 (1989) - 7 (1992)
11. Festschrift und Programm zu den Festspielen Hofberg-Freilichttheater Schiltberg, (1980-1991); Hofberg-Jahrbuch. 1. Bd., 1981 - 12. Bd., 1992
12. -
13. -
14. Freilichtbühne auf dem Hofberg in Schiltberg. Vom Verein auf Privatgrund errichtete Bühnenburg mit 1000 Sitzplätzen
15. -

Schliersee

1. **Heimatfreunde Schliersee e. V.**
2. Erhaltung und Betreuung des Heimatmuseums; Pflege bodenständigen Kulturgutes und bodenständiger Lebensart
3. Susi Wolf, Radspielerhaus, 83727 Schliersee
4. Wie 3.
5. Josef Wieland, Kurweg, 83727 Schliersee
6. 02.11.1982
7. 25.11.1985
8. 50
9. -
10. -

11. -
12. -
13. -
14. -
15. Museumsführer

Schöllkrippen

1. **Heimat- und Geschichtsverein "Oberer Kahlgrund" e. V.**
2. Erforschung aller Bereiche der Geschichte der Gemeinden, sowie der Kunst und Landeskunde im ehemaligen Bereich des früheren Landgerichtes Schöllkrippen und von Wiesen; Mitarbeit beim Verein für Heimatforschung und Heimatpflege Kahlgrund e. V.; Sicherung historischer Bauwerke; Mitarbeit bei der Erhaltung des privaten Fachwerkbaubestandes; Mithilfe bei der Erhaltung der Bildstöcke, Kapellen, historischer Grenzsteine, Kilometersteine, Wegweiser und alter Ortstafeln
3. Gemeindearchiv, Lindenstr., 63825 Schöllkrippen
4. Theo Büttner, Holzgasse 3, 63825 Schöllkrippen
5. Alban Backert, In der Au 8, 63825 Schöllkrippen
6. 18.02.1982
7. 18.02.1982
8. 120
9. Vorträge, Ausstellungen und Führungen im Heimatbereich
10. -
11. -
12. -
13. Gemeindearchiv Schöllkrippen und Aushängeschrank im Rathaus; Keramiksammlung
14. -
15. -

Schongau

1. **Historischer Verein Schongau - Stadt und Land e. V.**
   Vormals: Freunde der Altstadt Schongau e. V.
2. Erforschung, Dokumentierung und Verbreitung der geschichtlichen Vergangenheit des Schongauer Raumes.

3. Christophstraße 55-57 (Stadtmuseum), 86956 Schongau
4. Heide Krauthauf, M.A., Hindenburgstr. 17, 86956 Schongau
5. Franz Grundner, Luccastr. 24, 86956 Schongau
6. 12.12.1990; seit 24.04.1981 Vereinigung "Freunde der Altstadt Schongau e. V."
7. 12.12.1990
8. 50
9. Exkursionen (z.B. Museum Abodiacum, Kloster Wessobrunn, neues Stadtmuseum Schongau), Referate (z.B. Renovierung Wieskirche, Schongauer Hexenverfolgung), Seminar: Wir lesen Schriften des 19. Jahrhunderts; Arbeitskreis: Flugplatz Altenstadt
10. Jahrbuch für 1993 in Vorbereitung
11. -
12. -
13. -
14. -
15. -

Schrobenhausen

1. **Freunde Schrobenhausener Museen e. V.**
2. Förderung der Kultur, insbesondere der Museen und Sammlungen der Stadt Schrobenhausen
3. Dr. Klaus Englert, Lenbachstr. 40, 86529 Schrobenhausen
4. Otto Schöpf, Lenbachstr. 48, 86529 Schrobenhausen
5. Rudolf Peterke, Ganghoferstr. 4, 86529 Schrobenhausen
6. 12.02.1984
7. 12.02.1984
8. 79
9. Ausstellungen (Hofner, Lenbach, Spargelkunst), Buchvorstellungen, Förderarbeit (Spendensammlungen)
10. -
11. Schrobenhausener Kunstreihe: Bd. 1: Franz von Lenbach, 1986; Bd. 2: Joseph K. Sattler, 1988; Bd. 3: Norbert Richter-Scrobinhusen, 1990; Bd. 4: Johann B. Hofner, 1991; Bd. 5: Schrobenhausener Kulturschätze, 1992
12. "Spargel - Geschichte, Anbau, Rezepte"; "Das Spargelfestmahl bei Hofe"
13. Betreuung des Europäischen Spargelmuseums in Schrobenhausen; Betreuung der Sattler-Sammlung in Schrobenhausen
14. -

15. Theo Hilgers und Klaus Englert, 5 Jahre Deutsches Spargelmuseum, Schrobenhausen 1990

Schrobenhausen

1. **Historischer Verein Schrobenhausen e. V.**
2. Weckung und Aufrechterhaltung des Interesses der Bevölkerung für die geschichtliche Vergangenheit der Stadt Schrobenhausen und ihrer Umgebung; Pflege der Heimat; Förderung der Heimatforschung
3. Historischer Verein Schrobenhausen e. V., Postfach, 86529 Schrobenhausen
4. Prof. Dr. Hubert Klebel, Paarstr. 5, 86529 Schrobenhausen
5. Marlies Bauer, Leonhardisteig 12, 86529 Schrobenhausen
6. 18.07.1901
7. 01.10.1977
8. 104
9. Heimatgeschichtliche Exkursionen und Referate
10. -
11. -
12. Martin Sedlmeier, Geschichte der ehemaligen Hofmark Edelshausen, 1986; Bernhard und Barbara Rödig, Archäologische Beobachtungen und Funde im Verlauf der Stadtsanierung Schrobenhausens, 1988; Freiheiten und Privilegien der Stadt Schrobenhausen 1333-1803, bearbeitet von Max Direktor, 1991
13. Betreuung des Heimatmuseums gemeinsam mit der Stadt Schrobenhausen; Vereinsbibliothek
14. Betreuung des historischen Handwerkerhauses aus dem 15. Jahrhundert, In der Lachen 1 (Zeiselmairhaus)
15. Georg August Reischl, 30 Jahre Historischer Verein Schrobenhausen 1901-1931, Heft 6 der Veröffentlichungen des Historischen Vereins, 1931

Schwabach

1. **Geschichts- und Heimatverein Schwabach und Umgebung e. V.**
2. Die Geschichte der Stadt Schwabach und ihrer Umgebung durch Forschung und Darstellung zu pflegen; über Geschichte zu informieren und geschichtliches Bewußtsein und Verständnis zu fördern; für die Erhaltung des Kulturgutes, den Schutz der Denkmäler und die Pflege der Heimat sowie des Brauchtums einzutreten

3. Eduard Krieger, Heinrich Krauß Str. 11, 91126 Schwabach
Elfriede Schwarz, Tennenloher Hauptstr. 13, 91186 Büchenbach
4. Wie 3.
5. Dr. Gerhard Schröttel, Ostpreußenstr. 61, 91126 Schwabach
6. 19.04.1901
7. 26.02.1988
8. -
9. 3-4 Dia-Vorträge, 2 allgem. Vorträge, 2-3 ein bis drei Tagesfahrten, 2-3 Heimatwanderungen, 2 Stadtteilführungen, 2-3 Ausstellungen, 2 Stadtteilfeste, ein bis zwei Gedenkfeiern, Festkonzerte
10. -
11. 1. Bd. 1977, letzter Bd. 1988
12. -
13. Archivaliensammlung als Dauerleihgabe im Stadtarchiv, technische und kulturhistorische Objekte als Dauerleihgaben im Stadtmuseum
14. Stadtmauerturm aus 14. Jh., Grabengartenhaus etwa 1800 und Dampfmaschine Ende 19 Jh.
15. Josef A. Seidling, 70 Jahre Geschichts- und Heimatverein Schwabach, in: H. Schlüpfinger (Hg.), 600 Jahre Stadt Schwabach, Schwabach 1971, S. 422-442

Schweinfurt

1. **Historischer Verein Schweinfurt e. V.**
2. Förderung der Volksbildung auf dem Gebiet der fränkischen Geschichte und Landeskunde; Wecken und Pflege des allgemeinen Verständnisses für geschichtliche Fragen und Zusammenhänge
3. Petersgasse 3, Schrotturm, 97421 Schweinfurt
4. Wilhelm Böhm, Hans-Lingl-Str. 8, 97422 Schweinfurt
5. Dr. Uwe Müller, Stadtarchiv, Martin-Luther Platz 20, 97421 Schweinfurt
6. 24.05.1909
7. 23.01.1974
8. 812
9. Jährlich 10 Vorträge und 6 Studienfahrten
10. Schweinfurter Mainleite 1 (1987) - 24 (1992)
11. 1952-1991
12. -
13. Foto- und Diasammlung; Vereinsbibliothek; Archiv zur Vereinsgeschichte
14. -

15. Paul Ultsch, Die Geschichte des Historischen Vereins Schweinfurt. 1. Teil bis 1945, 1990; Barbara Ritzmann, Die Geschichte des Historischen Vereins Schweinfurt (Facharbeit), 1980

Seebruck

1. **Heimat- und Geschichtsverein Bedaium in Seebruck e. V.**
2. Erforschung der Geschichte Seebrucks, insbesondere der römischen Vergangenheit, Information der Allgemeinheit, Sammeln und Auswerten von Material der Heimatkultur, Betreuung des Römermuseums, Ortsheimatpflege
3. Heimat- und Geschichtsverein Bedaium in Seebruck e. V., 83358 Seebruck am Chiemsee, Römerstr. 3
4. Dr. Alfons Regnauer, Römerstr. 44, 83358 Seebruck
5. Georg Plickat, Haushoferstr. 10 a, 83358 Seebruck
6. 1979
7. 1979
8. 360
9. Betreuung des Römermuseums, 6 bis 10 Vorträge, ein bis zwei Exkursionen, 2 Sonderausstellungen der Prähistorischen Staatssammlung
10. -
11. -
12. Jochen Garbsch, Führer durch das Römermuseum Seebruck. Kleiner Museumsführer der Prähistorischen Staatssammlung Nr. 15, Grabenstädt, 1989; Jakob Wegerer, Seebruck - Eine Studie zur Heimatkunde, 1990
13. Museale Sammlung
14. Museum und Freigelände
15. Bedaium, Römermuseum Seebruck - Jahrbuch zur Eröffnung des neuen Museums, Grabenstädt, 1988

Simmelsdorf

1. **Altnürnberger Landschaft e. V. - Arbeitsgemeinschaft für Geschichte und Heimatforschung im Nürnberger Umland**
2. Förderung der Kenntnis von Geschichte und Kultur des Landgebietes der ehemaligen Reichsstadt Nürnberg, Erschließung der Quellen hierzu und Belebung des Interesses der Bevölkerung

3. Magdalena Amann, Ahornstr. 1, 91245 Simmelsdorf
Geschäftsstelle: Tucherschloß, 91245 Simmelsdorf
4. Jobst Freiherr Tucher von Simmelsdorf, Tucherschloß, 91245 Simmelsdorf
5. Bezirksheimatpfleger Dr. Kurt Töpner, Bischof-Meiser-Str. 2, 91522 Ansbach
6. 28.07.1951
7. 26.05.1974
8. 995
9. 6-7 Referate in Vortragsveranstaltungen, 4-6 Exkursionen und Führungen
10. Mitteilungen der Altnürnberger Landschaft, jährlich 2 Hefte, 1 (1952) - 42 (1992). Alle vier Jahre ein Register über vier Jahrgänge
11. Schriftenreihe der Altnürnberger Landschaft Bd. 1, 1952 - Bd. 39, 1990
12. Sonderhefte der Mitteilungen... Heft 1 (1953) - Heft 39 (1991)
13. -
14. -
15. Volker Alberti, 40 Jahre Altnürnberger Landschaft - Geschichte einer Arbeitsgemeinschaft für Heimatpflege und Heimatforschung im Raum Altdort-Erlangen-Hersbruck-Lauf-Nürnberg aus den Jahren 1951 bis 1991 (Sonderheft der Mitteilungen.... 39), 1991/92

Sonthofen

1. **Heimatdienst Sonthofen e. V.**
2. Der Heimatdienst Sonthofen dient der Heimat in jeder Weise, im besonderen durch Schutz und Pflege der von den Vätern überkommenen heimatlichen Überlieferungen, der Natur, ihrer Tier- und Pflanzenwelt, der Allgäuer Boden-, Kunst- und Kulturdenkmale, ferner der Förderung und Verbreitung von Tracht, Mundart, Musik, Tanz, Laienspiel und Schrifttum. Die heimatkundlichen und heimatpflegerischen Bestrebungen werden gegenüber den zuständigen Behörden und Organisationen vertreten
3. Heimatdienst Sonthofen e. V., Postfach 1310, 87617 Sonthofen
4. Luis Plangger, Frauenschuhweg 40, 87527 Sonthofen
5. Dieter Bischoff, Am Burgwald 1 Altstädten, 87527 Sonthofen
6. 04.11.1949
7. 21.09.1966
8. 400
9. Huigarte, Volkstanz-Huigarte und Theater in Allg. Mundart
10. -
11. -
12. -
13. -

14. -
15. Leonhard Bröll, 50 Jahre Heimat-Museum - 30 Jahre Heimatdienst, 1980

Sonthofen

1. **Landsmannschaft Schlesien, Ortsverband Sonthofen**
2. Die Landsmannschaft Schlesien hat die Pflichten und Rechte der Schlesier außerhalb der angestammten Heimat wahrzunehmen. Sie hat die Aufgabe, sich gemeinsam mit allen Deutschen für die Rückgliederung Schlesien in die Souveränität Deutschlands in Frieden und Freiheit einzusetzen. Die Landsmannschaft Schlesien erstrebt die Vollendung der sozialen, politischen, rechtlichen und gesellschaftlichen Eingliederung der Schlesier.
3. Beim Landesverband Bayern e. V.
4. Karl Bittner, Sudetenstraße 27, 87527 Sonthofen
5. Rudolf Kiesner, Zur Alten Zollbrücke 20, 87527 Sonthofen
   Günter Vaupel, Richard-Wagner-Str. 12, 87527 Sonthofen
6. 1950
7. Satzung des Landesverbandes v. 03.05.1981.
8. 104
9. Ca. 10 Veranstaltungen, Monatsversammlungen und Informationsfahrten
10. "Schlesische Nachrichten" durch den Bundesverband
11. -
12. Einzelveröffentlichungen im Allgäuer Anzeigeblatt
13. Nur vom Bundes- bzw. Landesverband
14. Vertriebenendenkmal
15. Allgemeine Veröffentlichungen der Vertreibung und ihre Folgen. Umfangreiche Literatur vorhanden

Spalt

1. **Heimatverein Spalter Land e. V.**
2. Heimatgeschichtliche Forschung, Pflege örtlicher Kunst und Kultur; Landschafts- und Denkmalsschutz; Förderung des Heimatgedankens und des Brauchtums
3. Wiltrud Kube, Rogallaweg 2, 91174 Spalt
4. Heinrich Heubusch, Lerchenbuck 28, 91174 Spalt
5. Wie 3.

6. 1929
7. 01.01.1992
8. 373 Einzelmitglieder/109 Familienmitgliedschaften
9. 2 Exkursionen in die engere Heimat (eine Wanderung/eine Tagesfahrt in Mittelfranken), eine Kunstausstellung, ein Stephansritt mit Pferdesegnung, ein Kapellenfest, Teilnahme an verschiedenen Brauchtumsfesten
10. -
11. Aus der Spalter Heimat, Heft 1 (1962) - Heft 29 (1991)
12. -
13. Heimatkundliche Sammlung; 2 Zimmer im sog. Diebsturm mit Einrichtungsgegenständen aus dem 19. Jahrhundert; Zugang auf Anfrage, Fremdenverkehrsamt der Stadt Spalt oder Vorsitzender des Heimatvereins
14. -
15. -

Stein/Traun

1. **Freunde der Burg Stein e. V.**
2. Erforschung der Geschichte der ehemaligen Gemeinde Stein/Traun; Erforschung und Pflege geschichtlich bedeutsamer Bau- und Bodendenkmäler in der ehemaligen Gemeinde Stein/Traun
3. Georg Huber, Hauptstr. 14, 83371 Stein/Traun
4. Wie 3.
5. Dr. Michael Elsen, Herzog-Nikolaus-Str., 83371 Stein/Traun
6. Mai 1972
7. 07.05.1986
8. 375
9. Frühjahrs- und Herbstversammlung mit heimatkundlichen Vorträgen; Vereinsausflug zu historisch/kunstgeschichtlich bedeutenden Orten/Ausstellungen; vereinsinternes Burgfest
10. Steiner Burgbrief (Jahresheft) 1 (1983) - 10 (1992)
11. -
12. Hans-J. Schubert, Stein an der Traun in Geschichte und Gegenwart, 5. Aufl. 1991; ders., Die Gemeinde Stein, 1979; Elisabeth Ertle-Hepp, Die Orts-, Flur- und Hofnamen der Gemarkungen Nort, Haßmoning und Stein/Traun, 1982
13. -
14. Betreuung des Hochschlosses und der Höhlenburg in Stein/Traun
15. -

Steinwiesen

1. **Frankenwaldverein e. V., Ortsgruppe Steinwiesen**
2. Die Liebe zur Heimat und das Verständnis für die Eigentümlichkeit des Frankenwaldes und seiner Bewohner zu wecken; Heimatkunde und Brauchtum zu pflegen; das Wandern zu fördern und die Natur vor störenden Eingriffen zu schützen, um sie den Menschen zur Erholung und Erbauung zu erhalten
3. -
4. Willy Wunder, Ankerstr. 10, 96349 Steinwiesen
5. Friedrich Beierkuhnlein, Nordhalbenerstr. 2, 96349 Steinwiesen
6. 1903
7. 30.12.1992
8. 242
9. Markierung von Wanderwegen (bislang ca.120 km); Hüttenabende für den Fremdenverkehr; Hüttennachmittage; Wanderungen halb- und ganztags; Busfahrten; gesellige Zusammenkünfte
10. -
11. -
12. -
13. Bildersammlung
14. Wanderhütte
15. -

Stockstadt a. Main

1. **Heimat- und Geschichtsverein Stockstadt am Main e. V.**
2. Förderung eines Heimatmuseums; Veranstaltungen, Führungen, Exkursionen; Publikationen; Fortschreibung der Ortschronik
3. -
4. Karl Miltenberger, Eibenstr. 4, 63811 Stockstadt
5. Hartwig Glöckner, Memeler Weg 4, 63811 Stockstadt
6. 06.03.1986
7. 25.11.1986
8. 68
9. 2 Referate, 3 Exkursionen, eine Ausstellung, 4 Arbeitskreise
10. -
11. -
12. -
13. Bilder- und Büchersammlung

14. Museum für 1993/94 geplant
15. -

Straubing

1. **Historischer Verein für Straubing und Umgebung e. V.**
2. Erforschen der Geschichte Straubings und Umgebung; Sammeln und Bewahren historischer Gegenstände; Förderung des Gäubodenmuseums
3. Fraunhoferstr. 9, 94315 Straubing
4. Studiendirektor Alfons Huber, Karl Bickelderstr. 38c, 94315 Straubing
5. Dr. Johannes Prammer, Äußere Passauerstr. 129, 94315 Straubing
6. 1898
7. 1971
8. 635
9. Jährlich 6-8 Vorträge und zwei Exkursionen
10. Jahresbericht des Historischen Vereins für Straubing und Umgebung, 1 (1909) - 93 (1991)
11. -
12. J. Prammer, Gäubodenmuseum Straubing, Abteilung Vorgeschichte, 1987; M. Wellenhofer, Die Straubinger Festungsanlagen, 1989
13. Archivalien zur Vereinsgeschichte
14. -
15. -

Sulzbach-Rosenberg

1. **Verkehrsverein Sulzbach-Rosenberg e. V.**
2. Der Verein will durch seine Tätigkeit beitragen zur allgemeinen öffentlichen Gesundheitspflege, zur Erhaltung der Arbeitskraft, zur Jugendpflege, zur Pflege der Heimatliebe, Heimatkunde und Erschließung der heimatlichen Schönheiten, der Bauten und Kulturstätten, zur Pflege des Geisteslebens und des gegenseitigen Verständnisses der Völker, ihrer Sitten und Gebräuche und dadurch den Fremdenverkehr fördern
3. Siegfried Binder, Bühlgasse 5, 92237 Sulzbach-Rosenberg
4. 1. Bürgermeister Gerd Geismann, Bühlgasse 5, 92237 Sulzbach-Rosenberg
5. Fritz Pellner, Südstr. 26, 92237 Sulzbach-Rosenberg
6. 1894

7. 13.05.1975
8. 87
9. Altstadtfest in Sulzbach-Rosenberg, Heimatkundlicher Arbeitskreis, Stadtführungen, Stadtrundfahrten, Referate
10. -
11. -
12. -
13. Bücher- und Bildersammlung
14. Langlaufloipengerät; Historische Gruppe "Stiberfähnlein"
15. -

Teisendorf

1. **Förderverein Bergbaumuseum Achthal e. V.**
2. Förderung der Heimatkunde und der Heimatpflege. Eine besondere Zielrichtung ist die Pflege der Erinnerung an den Eisenerzbergbau und an das Hüttenwerk in Achthal
3. -
4. Sepp Winkler, Allerberg 4, 83317 Teisendorf
5. Fritz Lindner, Marktstr. 34, 83317 Teisendorf
6. 15.07.1983
7. 15.07.1983, geändert am 22.11.1991
8. 400
9. 2 Lichtbildervorträge und 2 Exkursionen; Abhaltung des traditionellen Achthaler Kirtags; Museumsbetrieb
10. -
11. Sepp Winkler, Der Salzburger Erzbergbau am Teisenberg, 1985, ders., Der Bayerische Erzbergbau am Teisenberg, 1990
12. -
13. Bücher und Archivaliensammlung im Aufbau
14. Bergbaumuseum
15. -

Teuschnitz

1. **Frankenwaldverein e. V., Ortsgruppe Teuschnitz**

2. Zweck des Vereins ist es, die Liebe zur Heimat und das Verständnis für die Eigentümlichkeiten des Frankenwaldes und seiner Bewohner zu wecken, Heimatkunde und Brauchtum zu pflegen, das Wandern zu fördern und die Natur zu schützen, um sie den Menschen zur Erholung und Erbauung zu erhalten
3. Florian Jungkunz, Frankenwaldstr. 29, 96358 Teuschnitz
4. Wolfgang Feist, Callenbergstr. 4, 96450 Coburg
5. Manuel Daum, Enges Gäßlein 5, 96358 Teuschnitz
6. 11.03.1958
7. 04.04.1992
8. 92
9. Wanderungen, Ausflüge, Zusammenkünfte
10. -
11. -
12. -
13. -
14. -
15. -

Thannhausen

1. **Heimatverein Thannhausen e. V.**
2. Erforschung, Pflege und Schutz der natürlichen und geschichtlich gewordenen Eigenart Thannhausens und Umgebung (Sammeln, Pflegen, Ausstellungen, heimisches Brauchtum und Tracht)
3. -
4. Johann Rettenmeier, Augsburgerstr. 24, 86470 Thannhausen
5. Ulrich Mayer, St. Sebastian-Str. 3, 86470 Thannhausen
6. 03.02.1986
7. 16.10.1986
8. 134
9. -
10. -
11. Thannhauser Persönlichkeiten, Bd. 1, Christof von Schmid in Thannhausen, 1992
12. -
13. Sammlung von Gegenständen entsprechend der Satzung
14. -
15. -

Theuern

1. **Verein für Ortsgeschichte Theuern**
2. Wissenschaftliche Erforschung des Ortes Theuern und seiner Umgebung
3. -
4. Karl Gerstenhöfer, Wölsenbergstr. 7, 92245 Theuern
5. Angela Wiesner, Vilstalstr. 311, 92245 Theuern
6. 26.05.1992
7. 26.05.1992
8. 7
9. Der Verein befindet sich derzeit noch im Aufbau
10. -
11. -
12. -
13. Reproduktion von Fotos aus Theuern aus der Zeit ca. 1920 bis heute, gesammelt anläßlich der 900-Jahrfeier des Ortes 1992
14. -
15. -

Tiefenbach

1. **Heimatkundlicher Arbeitskreis Haselbach-Kirchberg-Tiefenbach**
2. Möglichst genaue und umfassende Erforschung der profanen und der Kirchengeschichte der ehemals selbständigen Gemeinden Haselbach-Kirchberg-Tiefenbach
3. Siegfried Florchütz, Lohwaldstr. 18, 94113 Tiefenbach
4. -
5. -
6. 1987/88
7. -
8. 10-15
9. Organisation von lokalgeschichtlichen Ausstellungen; Diskussion und Aufarbeitung von heimatgeschichtlichen Themen; Diavorträge; Hilfestellung bei Erarbeitung von Festschriften
10. Dem monatlich zweimalig erscheinenden Gemeindeblatt wird immer eine Seite Heimatkundliches beigefügt. Die Beiträge erscheinen am Jahresende in Heftform
11. -

12. Vereinzelt heimatkundliche Aufsätze in der "Passauer Neuen Presse"
13. Bilder- und (heimatkundliche) Literatursammlung im Gemeindearchiv Tiefenbach
14. Betreuung von Baudenkmälern und kulturgeschichtlichen Gegenständen (z.B. Ehrentafel für Gefallene des Krieges 1870/71)
15. -

Tirschenreuth

1. **Volkshochschul-Arbeitskreis "Heimatforschung im Landkreis Tirschenreuth"**
2. Herausgabe der Volkshochschul-Schriftenreihe "Heimat - Landkreis Tirschenreuth"
3. Volkshochschule des Landkreises Tirschenreuth, Mähringer Str. 9, 95643 Tirschenreuth
4. Frans Busl, Am Stadtbrunnen 17, 95668 Bärnau
5. -
6. 23.11.1988
7. Der Arbeitskreis hat keine Satzung
8. 35
9. Ca. 6 Zusammenkünfte pro Jahr zur Vorbereitung der Schriftenreihe
10. Heimat - Landkreis Tirschenreuth, Bd. 1 (1989) - Bd. 4 (1992)
11. -
12. -
13. -
14. -
15. -

Tittmoning

1. **Historischer Verein Tittmoning e. V.**
2. Pflege der Geschichte der Stadt Tittmoning; Förderung der Heimatkunde und Erhaltung der Kulturgüter; ehrenamtliche Betreuung und Verwaltung des "Heimathaus des Rupertiwinkels"
3. Richard Ruhland, Laufener Str. 10, 84529 Tittmoning
4. Wie 3.
5. Rosemarie Wandinger, Bürgermeister Poschacher Str. 2a, 84529 Tittmoning

6. 1889, Neugründung 1900
7. Dezember 1980
8. 219
9. Stadtführung, Vorträge zu ortsbezogenen historischen Themen, Jahreshauptversammlung, Volksmusikabend, Museumsführungen
10. -
11. -
12. -
13. Sammlung von Gegenständen der Volkskunst, des Handwerks und der Landwirtschaft (Bücher, Urkunden, Abbildungen, Grabfunde)
14. Ehrenamtliche Betreuung und Verwaltung des "Heimathaus des Rupertiwinkels" in der Burg Tittmoning
15. Fritz Schmitt, 75 Jahre Historischer Verein Tittmoning, in: Salzfaß, Jg. 9 (1975), Heft 2, S. 33

Traunreut/Pertenstein

1. **Heimatbund Schloß Pertenstein e. V.**
2. Erhaltung und Renovierung des Schlosses Pertenstein und anderer historisch wichtiger Gebäude und deren Neubelebung
3. Hans Lauber, Schloßstr. 4, 83301 Traunreut/Pertenstein
4. Wie 3.
5. -
6. 09.03.1969
7. 29.02.1992
8. Ca. 100
9. Ca. 100 Veranstaltungen/Jahr, Feste, Feiern, Geburtstage, Jubiläen, 2 Tage der offenen Tür mit Führungen, 10 Konzerte, 5 geschichtliche Referate, 5-10 Volksmusikabende, 7 kirchliche Anlässe in der Schloßkapelle
10. Für 1993 erstmals geplant
11. -
12. -
13. Archiv im Aufbau
14. Altes Wallfahrthaus mit Wohnstuben
15. Festschrift, 1990, Johannes Danner, 1200 Jahre Traunwalchen

Traunstein

1. **Historischer Verein für den Chiemgau zu Traunstein**
2. Pflege und Förderung des geschichtlichen, insbesondere des heimatgeschichtlichen Gutes in allen Schichten der Bevölkerung
3. Heimathaus, Postfach 1829, 83268 Traunstein
4. Alfred M. Maier, Prandtnerstr. 15, 83278 Traunstein
5. Herbert Klein, Waginger Str. 22, 83359 Hufschlag
6. 11.02.1889
7. 02.03.1979
8. 307
9. 4 Exkursionen und 7 Vorträge
10. -
11. 1890-1910 - seit der Wiederaufnahme 1989 jährlich einmal erscheinende Schriftenreihe
12. -
13. Eigene Sammlung in die "Stiftung Heimathaus" eingegliedert
14. 1. Vorsitzender des Vereins ist zugleich der Vorsitzende der "Stiftung Heimathaus" und für die Betreuung des Museums verantwortlich.
15. H. Bauer, Festschrift und Vereinschronik, 1989.

Triftern

1. **Heimatkundekreis Triftern**
2. Erforschung der Heimatgeschichte, Erhaltung von Kulturgut, Flurnamenforschung
3. -
4. Agnes Gillmeier, Weingasse 21, 84371 Triftern
5. Ulrich Walz, St. Stephan Str. 8, 84371 Triftern
6. 09.1987
7. -
8. 20
9. Fotoausstellung, Dia-Vorführungen, heimatkundliche Vorträge, Besichtigung von Ausstellungen sowie der Ausgrabungen (Jungsteinzeit) in Untergrasensee bei Pfarrkirchen/Rottal; Erneuerung bzw. Wiederherstellung des Pestfriedhofes
10. -
11. -
12. -

13. Archivalien, Fotos, Dias, historische Bücher, Urkunden befinden sich bei der Verwaltung des Marktes Triftern und werden von der Gemeindeheimatpflegerin verwaltet
14. -
15. Hanns Dobler und Erich Eder, Die Marktgemeinde Triftern in Vergangenheit und Gegenwart, 1979

Vohburg

1. **Heimat- und Kulturkreis Vohburg e. V.**
2. Heimat- und Kulturpflege; Vorträge; heimatkundliche Veranstaltungen; Heimatgeschichtsforschung; geschichtliche Veröffentlichungen; Förderung und Sammlung von Museumseinrichtungen; Herausgeber und Förderer heimat- und kulturgeschichtlicher Veröffentlichungen; Veranstaltung von Ausstellungen und Konzerten
3. Joseph Pflügl, Schleifmühlstr. 2, 85088 Vohburg a. d. Donau
4. Wie 3.
5. Sebastian Neff, Kirchplatz, 85088 Vohburg a. d. Donau/Hartacker
6. 20.05.1985
7. 20.05.1985
8. 95
9. Volkstanzabend; geschichtliche Vorträge; Ausstellung; Konzerte; heimatgeschichtliche Schriften
10. -
11. -
12. Unregelmäßige Veröffentlichungen zur Geschichte der Stadt Vohburg (Bildband Vohburg, "Vor 900 Jahren wird Vohburg erstmals Stadt genannt")
13. Mitbetreuung der städtischen Archivalien
14. -
15. -

Vohenstrauß

1. **Heimatkundlicher Arbeitskreis in der Volkshochschule Vohenstrauß e. V.**
2. Erforschung und Publikation der Heimatgeschichte; Denkmalpflege; Betreuung des Heimatmuseums; Brauchtumspflege
3. Peter Staniczek, Braunetsriether Weg 24, 92648 Vohenstrauß

4. Wie 3.
5. -
6. 14.02.1988
7. -
8. 20
9. Exkursionen zu Museen der Region (z.B. Wallfahrtsmuseum); Vorträge (z.B. Ausgrabungsbericht Lohma); Arbeitskreis Museum (Betreuung des Heimatmuseums); Beschilderung der historischen Gebäude; Beteiligung bei Stadtsanierung
10. -
11. Streifzüge, Heft 1, 1986 - Heft 13, 1992; Informationen der Kreisheimatpfleger, Bd. 1, 1989 - Bd. 2, 1990
12. Arnika, Vierteljahreszeitschrift des Oberpfälzer Waldvereins; "OH" (Oberpfälzer Heimat), Jahresbandreihe des Heimatkundlichen Arbeitskreises im Oberpfälzer Waldverein; "BFO" (Beiträge zur Flur- und Kleindenkmalforschung der Oberpfalz; Die Oberpfalz, monatliche Zeitschrift; Was uns die Heimat erzählt, monatliche Beilage in der Tageszeitung "Oberpfälzer Nachrichten"
13. Sammlung von Fotoplatten (1900-1926) im Heimatmuseum
14. Der Verein hat die inhaltliche Konzeption für die Neueinrichtung des Vohenstraußer Heimatmuseums erstellt und betreut dieses auch nach der Neueröffnung weiter
15. Bayerische Staatszeitung Nr. 10/1990 (09.03.1990); Peter Staniczek, Verhandlungen des Historischen Vereins für die Oberpfalz und Regensburg, 128 (1988), S. 238 f.; Hans Frischholz, Streifzüge des Heimatkundlichen Arbeitskreises Vohenstrauß, 5, 1988, S. 101

Waging am See

1. **Verein für Heimatpflege und Kultur Waginger See e. V.**
2. Der Verein hat den Zweck, heimatgeschichtliche, heimatkundliche und kulturelle Belange zu pflegen und entsprechendes Bewußtsein bei den Bewohnern der Marktgemeinde Waging am See und den Bewohnern der Region Waginger See zu fördern
3. Franz Patzelt, Gaisbergstr. 2, 83329 Waging am See
4. Wie 3.
5. Hans Meyer, Salzburger Str. 20, 83329 Waging am See
6. 21.04.1989
7. 18.05.1990
8. 225

9. Referate, Exkursionen, Feldbegehungen im Auftrag des Landesamtes für Denkmalpflege, "historische Wanderungen" mit Kindern, Konzerte, Dichterlesungen, Literaturabend, Ausstellungen, Aktionen im Zusammenhang mit geplantem "Bajuwarenmuseum" in Waging. Restaurierung alter Weilertafeln und historischer Straßenschilder
10. Jahresheft des Vereins für Heimatpflege und Kultur Waginger See, e. V., 1 (1989) - 3 (1991), 1. Sonderheft 1991
11. -
12. -
13. Heimatkundliche Sammlung im Aufbau, z.B. "Sammlung Mehler" - die gesammelten Materialen des ehem. Pfarrers von Taching am See; alte Fotos; Dokumentationsmaterial zur archäolog. Grabung in Waging 1987/88 (bajuwarisches Reihengräberfeld)
14. -
15. -

Waldmünchen

1. **Verein Grenzland- und Trenckmuseum Waldmünchen e. V.**
2. Aufbau eines Spezialmuseums "Grenzland- und Trenckmuseum"
3. Karlheinz Schröpfer, Am Leerenhäusl 4a, 93449 Waldmünchen
4. Senator a. D. Heinrich Eiber, Hocha 7, 93449 Waldmünchen
5. Wie 3.
   Renate Winzierl, Wagenhofstr., 93449 Waldmünchen
6. 08.11.1977
7. 1991
8. 162
9. Referate, Exkursionen, Ausstellungen, Arbeitskreise
10. Waldmünchner Heimatbote, Bd. 1 (1980) - Bd. 26 (1992)
11. -
12. -
13. -
14. Museum (im Aufbau begriffen)
15. -

Waldsassen

1. **Gerwigkreis Waldsassen e. V. im Oberpfälzer-Wald-Verein**
2. Förderung des Wissens um die Oberpfälzer Heimat; Verschönerung der heimatlichen Landschaft und Natur; Pflege des Wanderns; Förderung des heimatkundlichen und heimatgeschichtlichen Schrifttums; Mundart- und Trachtenpflege
3. 1. Heimatpfleger Robert Treml, Egnermühlweg 9, 95652 Waldsassen
4. Manfred Brunner, Schulstr. 25, 95652 Waldsassen
5. Wille Schöner, Bürgermeister-Fröhlich-Str. 7, 95676 Wiesau-Schönhaid
6. 15.03.1972
7. 21.03.1973
8. 230
9. Diavorträge, Jubiläumsfeier "20 Jahre Gerwigkreis", Busfahrten, Wanderungen, Musikantentreffen, Besuch von Ausstellungen, Rosenkranzprozession, Adventfeier
10. -
11. -
12. -
13. -
14. Stiftlandmuseum Waldsassen (Träger Stadt Waldsassen); Köllergrünanlage bei Waldsassen (legendäre Gründungsstätte); barocke Rosenkranzstationen von Waldsassen zur Kappel
15. Robert Treml, Gerwigkreis-Information, 1992

Wasserburg (B)

1. **Museum im Malhaus e. V.**
2. Pflege und Förderung heimischen Brauchtums
3. Hauptstr. 10, 88142 Wasserburg
4. Leni Schmiedinger Bildgasse 8, 88142 Wasserburg
5. Fridolin Altweck, Gartenweg 8, 88142 Wasserburg
6. 05.04.1979
7. 05.04.1979
8. 250
9. Ausstellungseröffnungen; Arbeitskreis "Tracht"
10. -
11. -
12. -

13. Vereinseigenes Depot mit Möbeln und landwirtschaftlichen Geräten
14. Malhaus als Museumsgebäude
15. Fridolin Altweck, Zehn Jahre Museum im Malhaus, Festschrift zum 10-jährigen Bestehen des Vereins, Wasserburg 1989

Wasserburg am Inn

1. **Heimatverein (Historischer Verein) für Wasserburg am Inn und Umgebung e. V.**
2. Förderung der Heimat- und Stadtgeschichte, Volkskunde sowie der bodenständigen Heimat- und Bodenkultur
3. Siegfried Rieger, Arnikaweg 10, 83540 Rott am Inn
4. Dr. Martin Geiger, Mozartstr. 78, 83512 Wasserburg am Inn
5. -
6. 05.11.1913
7. 18.02.1991
8. 479
9. 7 Vortragsveranstaltungen; 7 Exkursionen; Unterstützung bzw. Gestaltung von 3 Ausstellungen im Museum; jährlich Mitgestaltung einer Veranstaltung der "Wasserburger Volksmusiktage" sowie gelegentlich gemeinsame Veranstaltung mit der Volkshochschule
10. Heimat am Inn, 1. Jg. (1927) - 13. Jg. (1941), Wiederaufnahme 1951 bis 1957 als Beilage in der Tageszeitung "Wasserburger Zeitung" bzw. "OVB", neu Bd. 1 (1980) - Bd. 12 (1993)
11. Heimat am Inn, Bd. 1, 1980 - Bd. 12, 1993
12. -
13. -
14. Unterstützung und Betreuung entsprechender Privatinitiativen
15. -

Wegscheid

1. **Bayerischer Wald-Verein, Sektion Wegscheid e. V.**

2. Verbreitung und Vertiefung der Kenntnisse des Bayer. Waldes und der angrenzenden Gebiete, Erhaltung des Bayer. Waldes in seiner Schönheit und Ursprünglichkeit, Schaffung und Pflege von Wanderwegen, Kulturarbeit, Volkstumspflege, Natur- und Landschaftsschutz, Vertiefung der Heimatliebe in Wort und Schrift etc.
3. -
4. Josef Kronawitter, Kleinrathberg 1, 94110 Wegscheid
5. Antonie Able, Hartmannsreut 16, 94110 Wegscheid
6. 1972
7. 1978
8. 470
9. -
10. -
11. -
12. -
13. Diaserie über das Vereinsgeschehen
14. Feldkreuze und Flurdenkmäler, Aussichtsturm auf dem Friedrichsberg
15. -

Weibersbrunn

1. **Heimat- und Geschichtsverein Weibersbrunn e. V.**
2. Erforschung der Ortsgeschichte; Sicherung historischer und kultureller Dokumente; Erhaltung der Dorfgemeinschaft sowie des einheimischen Dialekts; Pflege des Dorfbildes; Schutz von Natur und Landschaft und Erhaltung ihrer Vielfalt, Eigenart und Schönheit
3. -
4. Horst Väth, Hauptstr. 48, 63879 Weibersbrunn
5. Walter Amrhein, Hessenthaler Weg, 63879 Weibersbrunn
6. 18.03.1986
7. 18.03.1986
8. 70
9. Bilderausstellungen; Ausstellungen von landwirtschaftlichen Groß- und Kleingeräten; Vorträge und Diaabende; Vereinsausflüge in Museen
10. -
11. -
12. Herausgabe eines historischen Kalenders, seit 1989 jährlich
13. -
14. Betreuung der Bildstöcke auf der Gemeindeflur und im Staatswald
15. -

Weiler i. Allgäu

1. **Westallgäuer Heimatverein e. V., Weiler im Allgäu**
2. Pflege und Bewahrung des Westallgäuer Heimatmuseums und des Kornhausmuseums
3. Westallgäuer Heimatmuseum, Hauptstr. 2, 88171 Weiler i. Allgäu
4. Roswitha Ennemoser, Kristinusstr. 11, 88171 Weiler i. Allgäu
5. Norbert Döll, Scheibenerstr. 25, 88171 Weiler i. Allgäu
6. 20.01.1921
7. -
8. 430
9. 4-5 Ausstellungen "Kunst und Volkskunde" im Kornhausmuseum; monatliche Mundartabende im Heimatmuseum im Winterhalbjahr; 2 mehrtägige Exkursionen pro Jahr; fallweise Lesungen; 3- bis 4-tägiges Kornhaus-Seminar jeden Sommer
10. Westallgäuer Heimatblätter als monatliche Beilage der Tageszeitung "Der Westallgäuer" (seit 1921)
11. -
12. -
13. Westallgäuer Heimatmuseum, Hauptstr. 2 und Kornhausmuseum, Hauptstr. 13
14. -
15. -

Weilheim

1. **Heimat- und Museumsverein Weilheim i. OB. und Umgebung e. V.**
2. Zusammenfassung aller heimatkundlich Interessierten aus Weilheim i. OB und Umgebung zu einer Arbeitsgemeinschaft mit den Schwerpunkten Heimatforschung (Heimatgeschichte, Heimatdenkmale, Volkssprache, Volkskunst und Volksbrauch) und Heimatpflege (alle Fragen des Heimat- und Naturschutzes, Heimatverschönerung, Festegestaltung)
3. Dr. Johann Bauer, Stainhartstraße 12, 82362 Weilheim i. OB
4. Wie 3.
5. Reinhard Schmid, Trifthofstraße 9, 82362 Weilheim i. OB
6. 15.10.1882
7. 11.11.1986
8. 345

9. 10 Vortragsveranstaltungen, ein bis zwei Exkursionen, Verleihung des Willi-Mauthe-Preises für Heimatforschung und -pflege
10. Weilheimer Heimatblätter, Heft 1 (1979) - Heft 11 (1989)
11. -
12. -
13. Kleinere Bibliothek mit heimatkundlicher Literatur
14. -
15. Reinhard Schmid, Zur Geschichte des Heimat- und Museumsvereins (I) - 1881-1882, in: Weilheimer Heimatblätter, Heft 4 (1982), S. 71-80

Weißenhorn

1. **Förderkreis der Archäologischen Sammlung der Stadt Weißenhorn**
2. Erforschung und Dartellung der Geschichte der Stadt Weißenhorn und deren Stadtteile
3. Stadtverwaltung Weißenhorn, 89264 Weißenhorn
4. Dr. Werner Durchschein, St. Barbarastr. 17, 89264 Weißenhorn
5. Carola Strasser, Reichenbachstr. 63, 89264 Weißenhorn
6. 1983
7. 29.06.1983
8. 77
9. -
10. -
11. -
12. -
13. Steinzeitliche Symbolsteine, Jungsteinzeitl. Keramik, Bronzezeitliche Schmuckgegenstände, römische Funde, rätische Fragmente, Tongefäße aus der Gräflich Fuggerschen Töpferei, Keramikteile u.a.
14. -
15. -

Weißenhorn

1. **Heimat- und Museumsverein Weißenhorn 1908 e. V.**

2. Sammlung, Aufbewahrung und museumsgerechte Ausstellung historisch interessanter Gegenstände (Urkunden, Literalien, Figuren, Bilder, Waffen, Werkzeuge, Münzen, Medaillen, Gefäße und Hausgeräte) zur Geschichte von Weißenhorn
3. Heimat- und Museumsverein Weißenhorn 1908 e.V., Kirchplatz 4, 89264 Weißenhorn
4. Dr. Hermann Schröppel, Hagenthaler Str. 77, 89264 Weißenhorn
5. Dr. Ernst Ibrom, Luitpoldstr. 15, 89264 Weißenhorn
6. 19.02.1908
7. 22.05.1990
8. 295
9. 2 Tagesausflüge (Museumsfahrt und Vorstellung einer Kulturlandschaft), Ausstellungen
10. Seit 1992
11. Kataloge des Museums Weißenhorn: Heribert Hummel, Museums- und Kapitelsbibliothek Weißenhorn, in: Kataloge des Museums Weißenhorn, Bd. 1, Weißenhorn 1983; Josef Feistle, Anton Bischoff 1877-1962, in: Kataloge des Museums Weißenhorn, Bd. 2, 1987; Matthias Kunze et al., Vorbild Tiepolo - Die Zeichnungen des Franz Martin Kuen aus dem Museum Weißenhorn, in: Kataloge des Museums Weißenhorn, Bd. 3, 1992
12. -
13. Museum Weißenhorn, Kapitelsbibliothek Weißenhorn (im Besitz der Diözese Augsburg)
14. Museum Weißenhorn (zusammen mit der Stadt Weißenhorn)
15. -

Weißenstadt

1. **Arbeitsgemeinschaft Heimatkunde, 8687 Weißenstadt**
2. Pflege der Heimatforschung, Herausgabe von "Weißenstadter Heften"
3. Dieter Schmidt, Bayreuther Str. 44, 95163 Weißenstadt
4. Wie 3.
5. -
6. 1983
7. -
8. 20
9. Monatliche Forschungstreffen, Herausgabe der Weißenstadter Hefte, Exkursionen, Fachvorträge, Ausstellungen
10. Weißenstadter Hefte, 1 (1986) - 17 (1992), zusätzlich zwei Sonderhefte
11. -

12. -
13. Alte Gegenstände aus dem täglichen Leben, alte Bücher, Archivalien
14. Heimatmuseum (noch nicht eröffnet)
15. -

Weltenburg

1. **Gruppe Geschichte der Weltenburger Akademie**
2. Heimatkundlich Interessierte durch Schriften, Vorträge, Exkursionen und Führungen mit regionalgeologischen und geschichtlichen Fakten vertraut machen
3. Anton Röhrl, Klosterschänke, 93309 Kelheim-Weltenburg
4. Franz Bauer, Kornblumenweg 4, 93346 Ihrlerstein
5. -
6. 09.03.1979
7. -
8. 350
9. Jährlich 10 Vorträge, Exkursionen
10. -
11. Bisher 57 gedruckte Schriften zu gehaltenen Vortragsthemen geologischen, archäologischen und geschichtlichen Inhalts
12. -
13. Kleinere Bibliothek mit heimatkundlicher Literatur
14. Spätrömisches Kleinkastell auf dem Frauenberg bei Weltenburg
15. Franz Bauer, 10 Jahre Gruppe Geschichte, Abensberg 1989

Wendelstein

1. **Heimatverein Unteres Schwarzachtal e. V.**
2. Pflege und Erhalt der Heimat, ihrer Denkmäler und ihrer Natur
3. -
4. Manfred Horndasch, Gerhard-Hauptmann-Str. 4, 90530 Wendelstein
5. Helga Rufflar, Veilchenstraße, 90530 Wendelstein
6. 1975
7. 1980
8. 630

9. Vorträge zu Brauchtum und Ortsgeschichte; Renovierung denkmalgeschützter Projekte (bisher Heimathaus, Backofen, Heimatarchiv); Arbeitskreise Literatur, Ortsentwicklung und Archiv/Geschichte
10. -
11. -
12. Artikel in Heimatkundliche Streifzüge Landkreis Roth
13. Heimatarchiv (Literatur- und Pressesammlung: 1. Ortsgeschichten, 2. Vereinsgeschichten, 3. Handwerk usw.).
14. Drechsler- und Metalldrücker Museum Wendelstein
15. -

Wessobrunn

1. **Wessofontanum, Vereinigung zur Erhaltung, Förderung und Erforschung Wessobrunner Kulturgüter**
2. Der Verein setzt sich zum Ziel, das alte Kulturgut von Wessobrunn zu pflegen und zu erhalten. Dieser Zweck soll erreicht werden durch Restaurierungsmaßnahmen an den Denkmälern; Förderung der wissenschaftlichen Forschung der Wessobrunner Geschichte; Veranstaltungen, durch die das Wessobrunner Erbe einer breiten Öffentlichkeit bekannt gemacht wird
3. -
4. Konrad Hölzl, Zöpfstr. 10, 82405 Wessobrunn
5. Ludwig Schuster, Zöpfstr. 6, 82405 Wessobrunn
6. 07.03.1980
7. 22.11.1980
8. 214
9. 2 Vorträge, Konzert, 2 Exkursionen
10. -
11. -
12. -
13. Archivalien, Bilder, Bücher. Sammlung von Ausgrabungsstücken, die im Römerturm zu besichtigen sind
14. -
15. -

Wilhermsdorf

1. **Heimatverein Wilhermsdorf und Umgebung e. V.**
2. Förderung der Heimatliebe und des Heimatgedankens, Sammlung und Erhaltung des heimatlichen Kulturgutes
3. -
4. Johann Zill, Friedenstr. 6, 91452 Wilhermsdorf
5. Kurt Stoll, Gerberstr. 8a, 91452 Wilhermsdorf
6. 16.03.1979
7. 26.09.1984
8. 1650
9. Referate; Exkursionen; Ausstellungen; Volkstanzgruppe; Mundharmonikagruppe, Theatergruppe
10. Wilhermsdorfer Heimatblätter 1 (1980) - 17 (1992)
11. -
12. -
13. Archivalien, Bilder, Bücher
14. Staa-Kreiz-Gartla (Stein-Kreuz-Garten, Sammlung von alten Grenzsteinen in einer Anlage)
15. -

Wolframs-Eschenbach

1. **Heimatverein Wolframs-Eschenbach e. V.**
2. Das heimatliche Kulturgut, insbesondere die Geschichte der Stadt Wolframs-Eschenbach zu erforschen und darzustellen. Das Leben und die Werke Wolfram von Eschenbach zu erforschen und darzustellen. Das überlieferte Kulturgut zu pflegen. Einrichtung und Betrieb eines Museums. Geschichtlich, künstlerisch und kulturgeschichtlich wertvolle Dokumente und Denkmale vor Untergang, Verunstaltung und Abwanderung zu bewahren
3. Geschäftsführer: Karl Hausmann, Hopfengasse, 91639 Wolframs-Eschenbach
Geschäftsstelle: Walther-von-der-Vogelweide-Str. 2, 91639 Wolframs-Eschenbach
4. Oskar Geidner, Walther-von-der-Vogelweide-Str. 2, 91639 Wolframs-Eschenbach
5. Erwin Seitz, Sudetenstr., 91639 Wolframs-Eschenbach
6. 21.07.1973
7. 1985
8. 114

9. Sonderausstellungen, Exkursionen, Vorträge zur Geschichte, Kulturtage alle 2 Jahre, Ausrichtung von Altstadtfesten, Mitgestaltung am Ferienprogramm (geschichtliche Teile), Stadt- und Kirchenführungen
10. Wolframs-Boten von 1973 bis 1975; Mitteilungsblatt (3 bis 4 mal jährlich) ab 1984 bis heute (letztes Mitteilungsblatt Dez. 1992)
11. Wolframs-Eschenbacher Studien, Band 1: Wolframs-Eschenbach in alten Ansichten 1826-1939, 1989
12. -
13. Heimatkundliche Sammlungen im Museum, Wolframs-Archiv (Bibliothek über Wolfram von Eschenbach, geschichtliche Werke)
14. Wolfram von Eschenbach Museum (früher Heimatmuseum)
15. -

Wolnzach

1. **Deutsches Hopfenmuseum e. V.**
2. Förderung der Heimatkunde und der Kunst und Kultur. Errichtung und Pflege eines Hopfenmuseums
3. Hausnerstr. 25, 85283 Wolnzach-Burgstall
4. Norbert Nemek, Hausnerstr. 25, 85283 Wolnzach-Burgstall
5. Max Weichenrieder, Stadelhof 5, 85283 Wolnzach
6. 10.07.1984
7. 05.12.1991
8. 226
9. 2 Wanderausstellungen; 3 Referate; Geschichte des Deutschen Hopfenanbaues
10. -
11. -
12. -
13. Dokumente (in der Regel Kopien); Bücher; Veröffentlichungen; Stiche über Hopfen aus dem deutschsprachigen Raum (vor der Museumseröffnung nicht öffentlich zugänglich)
14. Museum (noch nicht eröffnet)
15. -

Würzburg

1. **Frankenbund. Vereinigung für fränkische Landeskunde und Kulturpflege e. V.**
2. Bewußtmachen der kulturellen Werte in Franken; Verbreitung der Ergebnisse der Forschung auf dem Gebiet der Landes- und Volkskunde, der Kunst und Geschichte
3. Margarete Preil, Bundesgeschäftsstelle, Hofstr. 3, 97090 Würzburg
4. Dr. Franz Vogt, Regierungspräsident von Unterfranken, Peterplatz 9, 97070 Würzburg
5. Edgar Sitzmann, Bezirkstagspräsident von Oberfranken, Ludwigstr. 20, 95444 Bayreuth
6. 1920
7. 07.05.1988
8. 5591
9. Fränkisches Seminar, Tagungen, Vorträge, Exkursionen, Studienfahrten, Wanderungen und Lesungen
10. Zeitschrift "Frankenland", erscheint zehnmal jährlich
11. Heimatpflege in Franken, Beilage in der Zeitschrift Frankenland, seit 1987
12. -
13. Frankenbund-Bibliothek
14. -
15. Hans Paschke, Bundesgeschichte 1920-1970, Bd. I (1963) - Bd. II (1971)

Würzburg

1. **Freunde Mainfränkischer Kunst und Geschichte e. V. Würzburg Vormals: Historischer Verein von Mainfranken, Mainfränkischer Kunst- und Altertumsverein, Mainfränkischer Kunstverein**
2. Verständnis für Geschichte und Kunst der engeren und weiteren Heimat; Förderung der Forschung der mainfränkischen Kunst und Geschichte; Erhaltung und Pflege geschichtlicher, künstlerischer und kultureller Denkmäler; Förderung der lebenden mainfränkischen Künstler
3. Dr. Hans-Peter Trenschel, Mainfränkisches Museum Würzburg, Festung, 97082 Würzburg
4. Dr. Ernst-Günter Krenig, Kapellenweg 20, 97082 Würzburg
5. Dr. Hanswernfried Muth, Lortzingstraße 38, 97074 Würzburg
6. 1831-1841-1893, in der jetzigen Form 1948
7. 23.02.1988

8. 2319
9. Vorträge, Studienfahrten, Museumskonzerte, Kunstausstellungen.
10. Mainfränkisches Jahrbuch für Geschichte und Kunst (=Fortsetzung des Archivs des Historischen Vereins für Unterfranken und Aschaffenburg), Bd. 1 (1949) - Bd. 43 (1991)
11. Mainfränkische Hefte, Bd. 1, 1948-Bd. 89, 1989; Mainfränkische Studien, Bd. 1, 1968-Bd. 52, 1992
12. Eingestellte Reihen: Mainfränkische Heimatkunde; Künstler und Kunstwerke aus Mainfranken; Altfränkische Bilder und Wappenkalender
13. Archivaliensammlung: Depositum im Staatsarchiv Würzburg, Residenz; Bibliothek: Dauerleihgabe an die Universitätsbibliothek Würzburg; Kunstsammlungen: Dauerleihgabe an das Mainfränkische Museum Würzburg; Bilder: Dauerleihgabe an die Städtische Galerie Würzburg
14. Betreuung der Otto-Richter-Kunsthalle für zeitgenössische Kunst in Würzburg.
15. 1831-1981: 150 Jahre Historischer Verein (Sonderdruck aus: Mainfränkisches Jahrbuch 33 [1981]); 150 Jahre Kunstverein Würzburg von 1841, in: Mainfränkisches Jahrbuch 43 (1991)

Zorneding

1. **Heimatkundekreis Zorneding**
2. Erfassen, Sammeln, Auswerten und Publizieren von Daten der Ortsgeschichte
3. Heinz Machutt, Herzog-Rudolf-Weg 24, 85604 Zorneding
4. Wie 3.
5. Frau Emmi Heder, Bahnhofstr. 20 a, 85604 Zorneding
6. 15.01.1986
7. 17.03.1993
8. 60
9. 5 Referate pro Jahr über Orts- und Heimatgeschichte
10. -
11. -
12. Fotoband: Zorneding gestern und heute
13. Archiv (mit Fotosammlung) über die Ortsgeschichte
14. Ständige Ausstellung über die Geschichte der Gemeinde Zorneding
15. -

Weitere Mitglieder des Verbands bayerischer Geschichtsvereine e.V., von denen bis zum Redaktionsschluß keine Rückmeldungen vorlagen

Heimatverein Altenstadt, 92665 Altenstadt

Historischer Verein für das Bayerische Oberland, 83646 Bad Tölz

Gemeinde Bernau "Heimatkreis", 83233 Bernau

Arbeitskreis Heimatkunde, 91320 Ebermannstadt

Verein für Kultur und Heimatgeschichte, 83413 Fridolfing-Pietling

Gruppe Geschichte der Weltenburger Akademie, 93346 Ihrlerstein

Heimatbund Allgäu e.V., 87439 Kempten

Heimattag für den Landkreis, 88131 Lindau

Förderkreis "Historisches Miltenberg" e.V., 63897 Miltenberg

Historischer Verein Murnau am Staffelsee, 82418 Murnau

Studiengruppe für sächsische Geschichte und Kultur e.V., München

Verband für Kreisbeschreibungen, Neu Ulm

Heimatverein und Historischer Verein Neuburg an der Donau, 86633 Neuburg

Freundeskreis für Kunst und Kultur e.V., 91077 Neunkirchen am Brand

Historischer Verein für Nördlingen und das Ries, 86720 Nördlingen

Kommunalgeschichtliche Forschungsstelle Ostbayern, Regensburg

Historischer Verein Alt-Rothenburg e.V., 91541 Rothenburg

Heimatverein Seehausen/Staffelsee, 82418 Seehausen

Heimatverband Lech-Isar-Land, 86989 Steingaden

Verein für Heimatgeschichte im Grabfeld e.V., 93352 Sulzdorf an der Laaber

Heimatkundlicher Arbeitskreis Weiden, 92637 Weiden

Verein für Ortsgeschichte, 97286 Winterhausen

Gesellschaft für Fränkische Geschichte e.V., Würzburg

Ortsverzeichnis nach Regierungsbezirken

Oberbayern

Altötting
Öttinger Heimatbund e. V.

Anger
Heimatkundlicher Arbeitskreis Anger

Aschau im Chiemgau
Heimat- und Geschichtsverein Aschau im Chiemgau e. V.

Aschheim
Geschichtlich-heimatkundliche Sammlung Aschheim

Bad Aibling
Historischer Verein für Bad Aibling und Umgebung

Berchtesgaden
Verein für Heimatkunde des Berchtesgadener Landes e.V.

Burghausen
Heimatverein Burghausen an der Salzach e. V.

Burgheim
Heimatgeschichtlicher Verein Burgheim e. V.

Dießen a. Ammersee
Arbeitskreis der Heimatforscher des Ammersee-Gebietes e. V.
Heimatverein Dießen und Umgebung e. V.

Eichstätt
Historischer Verein Eichstätt e. V.

Erding
Kreisverein für Heimatschutz und Denkmalpflege Landkreis Erding e. V.

Freising
Archäologischer Verein im Landkreis Freising e. V.
Historischer Verein Freising e. V.

Fürstenfeldbruck
Historischer Verein für die Stadt und den Landkreis Fürstenfeldbruck e. V.

Gaden
Heimatverein Gaden e. V.

Garching a. d. Alz
Heimatbund Garching an der Alz e. V.

Garmisch-Partenkirchen
Verein für Geschichte, Kunst- und Kulturgeschichte im Landkreis Garmisch-Partenkirchen

Gelting
Brauchtumsgruppe Gelting e.V.

Glonn

Kultur- und Verschönerungsverein Markt Glonn e. V.

Gmund

Heimatfreunde Gmund e. V.

Grafing

Arbeitsgemeinschaft für Heimatkunde e. V. Grafing

Grainau

"Bär und Lilie". Verein zur Erforschung und Erhaltung der Grainauer Ortsgeschichte e. V.

Grassau

Verein für Industrie- und Technikgeschichte im südl. Chiemgau e. V.

Haag

Geschichtsverein Reichsgrafschaft Haag e. V.

Ingolstadt

Historischer Verein Ingolstadt e. V.

Kirchanschöring

Verein für Heimatpflege Kirchanschöring-Lampoding

Kösching

Geschichtsverein Kösching/Kasing/Bettbrunn

Landsberg a. Lech

Historischer Verein für Stadt und Kreis Landsberg am Lech e. V.

Laufen

Historischer Verein Rupertiwinkel e. V.

Moosburg

Heimatverein Moosburg

Mühldorf

Heimatbund Mühldorf e. V.

Verein zur Förderung des Kreisheimatmuseums und der Heimatpflege im Landkreis Mühldorf am Inn e. V.

München

Archiv der Müncher Arbeiterbewegung e. V.

Bayerische Numismatische Gesellschaft e. V. München

Bayerischer Landesverein für Familienkunde e. V.

Freunde der bayerischen Vor- und Frühgeschichte e. V.

Gesellschaft für Archäologie in Bayern e. V.

Historischer Verein von Oberbayern

Verband für Orts- und Flurnamenforschung in Bayern e. V.

Verein für Diözesangeschichte von München und Freising e. V.

Verein Münchner Stadtteilgeschichte e. V.

Neubeuern

Schiffleut-Bruderschaftsverein Neubeuern e. V.

Oberammergau
Freundeskreis Pilatushaus e. V.
Oberaudorf
Historischer Verein Audorf e. V.
Ohlstadt
Heimatverein Ohlstadt e. V.
Peißenberg
Verein der Bergbaumuseumsfreunde Peißenberg e. V.
Pfaffenhofen a. d. Ilm
Heimat- und Kulturkreis Pfaffenhofen an der Ilm e. V.
Rosenheim
Historischer Verein Rosenheim e. V.
Sauerlach
Förderverein Heimatfreunde Sauerlach e. V.
Schliersee
Heimatfreunde Schliersee e. V.
Schongau
Historischer Verein Schongau - Stadt und Land e. V.
Vormals: Freunde der Altstadt Schongau e. V.
Schrobenhausen
Freunde Schrobenhausener Museen e. V.
Historischer Verein Schrobenhausen e. V.
Seebruck
Heimat- und Geschichtsverein Bedaium in Seebruck e. V.
Stein/Traun
Freunde der Burg Stein e. V.
Teisendorf
Förderverein Bergbaumuseum Achthal e. V.
Tittmoning
Historischer Verein Tittmoning e. V.
Traunreut/Pertenstein
Heimatbund Schloß Pertenstein e. V.
Traunstein
Historischer Verein für den Chiemgau zu Traunstein
Vohburg
Heimat- und Kulturkreis Vohburg e. V.
Waging am See
Verein für Heimatpflege und Kultur Waginger See e. V.
Wasserburg am Inn
Heimatverein (Historischer Verein) für Wasserburg am Inn und Umgebung e. V.

Weilheim
Heimat- und Museumsverein Weilheim i. OB. und Umgebung e. V.
Wessobrunn
Wessofontanum, Vereinigung zur Erhaltung, Förderung und Erforschung Wessobrunner Kulturgüter
Wolnzach
Deutsches Hopfenmuseum e. V.
Zorneding
Heimatkundekreis Zorneding

Niederbayern

Bad Birnbach
Heimatkundekreis Bad Birnbach
Büchlberg
Arbeitskreis Heimat der Volkshochschule Büchlberg
Deggendorf
Geschichtsverein für den Landkreis Deggendorf e. V.
Gangkofen
Historische Interessengemeinschaft Gangkofen e. V.
Landau a. d. Isar
Die Förderer des Altlandkreises Landau an der Isar e. V.
Landshut
Historischer Verein für Niederbayern
Niedernberg
Geschichtsverein Niedernberg e. V.
Passau
Verein für Ostbairische Heimatforschung e. V.
Pilsting
Interessengemeinschaft für Heimatgeschichte Pilsting
Plattling
Sankt Johann Nepomuk-Verein Plattling e. V.
Rinchnach
Guntherverein Rinchnach, Heimatfreunde zur Förderung der St.-Gunther-Geschichte
Straubing
Historischer Verein für Straubing und Umgebung e. V.
Tiefenbach
Heimatkundlicher Arbeitskreis Haselbach-Kirchberg-Tiefenbach
Triftern
Heimatkundekreis Triftern

Waldmünchen
Verein Grenzland- und Trenckmuseum Waldmünchen e. V.
Wegscheid
Bayerischer Wald-Verein, Sektion Wegscheid e. V.
Weltenburg
Gruppe Geschichte der Weltenburger Akademie

Oberpfalz

Amberg
Historischer Verein für Oberpfalz und Regensburg - Ortsgruppe Amberg
Brand
OTNANT-Gesellschaft für Geschichte und Kultur in Ostfranken und Nordbaiern e. V.
Donaustauf
Heimat- und Fremdenverkehrsverein Donaustauf e. V.
Eschenbach
Heimatverein Eschenbach e. V.
Kötzting
Arbeitskreis Heimatforschung im Landkreis Cham
Arbeitskreis Heimatforschung im Kulturverein Bayerischer Wald e. V.
Lupburg
Förderverein Alt-Lupburg und Umgebung
Neumarkt i.d.Opf.
Historischer Verein für Neumarkt in der Oberpfalz und Umgebung e. V.
Oberviechtach
Heimatkundlicher Arbeitskreis Oberviechtach e. V.
Pfreimd
Der Stadtturm, Heimatkundlicher und Historischer Arbeitskreis Pfreimd e. V.
Regensburg
Arbeitskreis für Flur- und Kleindenkmalforschung in der Oberpfalz e. V.
Geschichtswerkstatt Regensburg und Ostbayern e. V.
Heimatkundlicher Arbeitskreis im Oberpfälzer Waldverein
Heimatverein Statt am Hoff e. V.
Historischer Verein für Oberpfalz und Regensburg
Roding
Verein für Heimatgeschichte und Heimatpflege e. V. Roding
Sulzbach-Rosenberg
Verkehrsverein Sulzbach-Rosenberg e. V.
Theuern
Verein für Ortsgeschichte Theuern

Tirschenreuth

Volkshochschul-Arbeitskreis "Heimatforschung im Landkreis Tirschenreuth"

Vohenstrauß

Heimatkundlicher Arbeitskreis in der Volkshochschule Vohenstrauß e. V.

Waldsassen

Gerwigkreis Waldsassen e. V. im Oberpfälzer-Wald-Verein

Oberfranken

Arzberg

Fichtelgebirgsverein e. V., Ortsgruppe Arzberg

Bamberg

Historischer Verein Bamberg (für die Pflege der Geschichte des ehemaligen Fürstbistums) e. V.

Bayreuth

Historischer Verein für Oberfranken e. V.

Bischofsgrün

Fichtelgebirgsverein e. V., Ortsgruppe Bischofsgrün

Coburg

Historische Gesellschaft Coburg e. V.

Ebermannstadt

Fränkische-Schweiz-Verein e. V.

Ebrach

Forschungskreis Ebrach e. V.

Haig im Frankenwald

Heimat- und Trachtenverein Haig im Frankenwald e. V.

Helmbrechts

Verein Oberfränkisches Textilmuseum Helmbrechts e. V.

Hof

Fichtelgebirgsverein e. V.

Nordoberfränkischer Verein für Natur-, Geschichts- und Landeskunde e. V. Hof/Saale

Kronach

1000 Jahre Kronach e. V.

Colloquium Historicum Wirsbergense, Heimat- und Geschichtsfreunde am Obermain e. V., Bezirksgruppe Kronach

Förderverein zur Erhaltung der Mühlen im Rodachtal e. V.

Heimatverein Dörfles e. V.

Verein für Kulturpflege e. V.

Verein für Heimatpflege Gehülz

Volks- und Gebirgstrachtenverein "Die Rosenbergler" Kronach e. V

Lichtenfels

Colloquium Historicum Wirsbergense, Heimat- und Geschichtsfreunde am Obermain e. V.

Ludwigsstadt

Frankenwaldverein e. V., Ortsgruppe Ludwigsstadt

Geologisch heimatkundliche Arbeitsgemeinschaft Ludwigsstadt

Marktleuthen

Arbeitskreis für Heimatforschung Marktleuthen

Mühlhausen

Heimatverein Reicher Ebrachgrund e. V.

Naila

Heimatkundlicher Arbeitskreis im ehemaligen Landkreis Naila

Neustadt/Coburg

Museums- und Heimatverein e. V. Neustadt/Coburg

Steinwiesen

Frankenwaldverein e. V., Ortsgruppe Steinwiesen

Teuschnitz

Frankenwaldverein e. V., Ortsgruppe Teuschnitz

Weißenstadt

Arbeitsgemeinschaft Heimatkunde, 8687 Weißenstadt

Mittelfranken

Ansbach

Frankenbund, Gruppe Ansbach

Heimatverein Ansbach e. V.

Historischer Verein für Mittelfranken e. V.

Bad Windsheim

Verein Alt-Windsheim e. V.

Cadolzburg

Heimatverein Cadolzburg und Umgebung e. V.

Dietenhofen

Heimatverein Dietenhofen e. V.

Dinkelsbühl

Historischer Verein "Alt-Dinkelsbühl" e. V.

Erlangen

Heimat- und Geschichtsverein Erlangen e. V.

Feuchtwangen

Arbeitsgemeinschaft für Heimatgeschichte Feuchtwangen im Verein für Volkskunst und Volkskunde e. V. Feuchtwangen

Fürth
Alt-Fürth, Verein für Geschichte und Heimatforschung e. V.
Gunzenhausen
Verein für Heimatkunde e. V. Gunzenhausen
Heideck
Arbeitskreis Heimatkundliche Sammlung Heideck e. V.
Heidenheim
Heimat- und Verschönerungsverein Heidenheim
Heilsbronn
Heimatverein Heilsbronn e. V.
Heroldsberg
Kulturfreunde Heroldsberg e. V.
Herzogenaurach
Heimatverein Herzogenaurach, Verein für Heimatschutz und Heimatpflege e. V.
Höchstadt/Aisch
Heimat- und Verschönerungsverein Höchstadt an der Aisch und Umgebung, Verein zur Förderung der Heimatpflege, Geschichtsforschung, Kunst und Kultur e. V.
Langenzenn
Heimatverein Langenzenn e. V.
Lauf a. d. Pegnitz
Freunde des Neunhofer Landes, Gruppe des Frankenbundes e. V.
Leutershausen
Heimatverein Leutershausen
Lichtenau
Heimatverein Lichtenau e. V.
Neunkirchen am Sand
Heimat- und Geschichtsverein Neunkirchen am Sand e. V.
Neustadt a.d. Aisch
Geschichts- und Heimatverein Neustadt a. d. Aisch
Nürnberg
Gesellschaft für Familienforschung in Franken e. V.
Naturhistorische Gesellschaft Nürnberg e. V.
Verein für Geschichte der Stadt Nürnberg e. V.
Puschendorf
Heimatverein Puschendorf
Rednitzhembach
Arbeitskreis Heimat und Geschichte Rednitzhembach e. V.
Roßtal
Heimatverein Markt Roßtal e. V.

Schillingsfürst

Fremdenverkehrs- und Heimatverein e. V. Schillingsfürst

Schwabach

Geschichts- und Heimatverein Schwabach und Umgebung e. V.

Simmelsdorf

Altnürnberger Landschaft e. V. - Arbeitsgemeinschaft für Geschichte und Heimatforschung im Nürnberger Umland

Spalt

Heimatverein Spalter Land e. V.

Wendelstein

Heimatverein Unteres Schwarzachtal e. V.

Wilhermsdorf

Heimatverein Wilhermsdorf und Umgebung e. V.

Wolframs-Eschenbach

Heimatverein Wolframs-Eschenbach e. V.

Unterfranken

Alzenau

Arbeitsgemeinschaft für Heimatforschung und Heimatpflege Kahlgrund e. V.
Arbeitskreis Burgruinen im Kahlgrund
Heimat- und Geschichtsverein Alzenau e. V.

Arnstein

Arnsteiner Heimatkundeverein e. V., Arnstein

Aschfeld

Heimatverein "Frohsinn" Aschfeld e. V.

Bad Königshofen im Grabfeld

Verein für Heimatgeschichte im Grabfeld e. V.

Bessenbach

Geschichts- und Kunstverein Bessenbach e. V.

Bürgstadt/Main

Heimat- und Geschichtsverein Bürgstadt/Main

Dettelbach

Kulturhistorischer Kreis Dettelbach e. V.

Eibelstadt

Heimatverein Eibelstadt e. V.

Eichenbühl

Heimat- und Geschichtsverein Eichenbühl e. V.

Elsenfeld

Heimat- und Museumsverein Elsenfeld

Eltmann
Verein für Heimatgeschichte Eltmann e. V.
Feldkahl
Verein zum Bau und Unterhalt einer Gedenkkapelle in Feldkahl
Gemünden
Historischer Verein Gemünden am Main und Umgebung
Gerolzhofen
Historischer Verein Gerolzhofen e. V.
Goldbach
Geschichts- und Heimatverein Goldbach e. V.
Großostheim
Geschichtsverein Bachgau Großostheim
Heimbuchenthal
Heimat- und Geschichtsverein Heimbuchenthal e. V.
Hösbach
Geschichtsverein Hösbach e. V.
Johannesberg
Heimat- und Geschichtsverein Johannesberg
Kahl am Main
Arbeitskreis Heimatgeschichte Kahl am Main
Karlstadt
Historischer Verein "Freunde der Geschichte Karlstadts und seines Umlandes" e. V.
Karlstein
Geschichtsverein Karlstein
Kirchzell
Förderkreis Watterbacher Haus e. V.
Laudenbach
Heimat- und Verkehrsverein Laudenbach
Laufach
Geschichts- und Heimatverein Laufachtal e. V.
Mainaschaff
Arbeitsgemeinschaft für Orts- und Familiengeschichte in Mainaschaff
Marktbreit
Heimatverein Marktbreit e. V.
Marktheidenfeld
Historischer Verein Marktheidenfeld und Umgebung e. V.
Mellrichstadt
Rhönklub-Zweigverein Mellrichstadt e. V.
Mömbris
Heimat- und Geschichtsverein Markt Mömbris

Mönchberg

Kultur- und Geschichtsverein Mönchberg-Schmachtenberg e. V.

Niedersteinbach

Heimatforschung Niedersteinbach/Brucken

Nüdlingen

Heimatverein Nüdlingen e. V.

Oberbessenbach

Heimatbund Oberbessenbach e. V.

Rauhenebrach

Heimatgeschichtlicher Arbeitskreis der Außenstelle Rauhenebrach der Volkshochschule Haßberge

Reiterswiesen

Heimatverein Botenlauben Reiterswiesen e. V.

Rimpar

Freundeskreis Schloß Grumbach

Rothenbuch

Heimat- und Geschichtsverein Rothenbuch

Sailauf

Förderkreis Sailauf

Schöllkrippen

Heimat- und Geschichtsverein "Oberer Kahlgrund" e. V.

Schweinfurt

Historischer Verein Schweinfurt e. V.

Stockstadt a. Main

Heimat- und Geschichtsverein Stockstadt am Main e. V.

Weibersbrunn

Heimat- und Geschichtsverein Weibersbrunn e. V.

Würzburg

Frankenbund. Vereinigung für fränkische Landeskunde und Kulturpflege e. V.

Freunde Mainfränkischer Kunst und Geschichte e. V. Würzburg

Vormals: Historischer Verein von Mainfranken, Mainfränkischer Kunst- und Altertumsverein, Mainfränkischer Kunstverein

Schwaben

Aichach

Heimatverein Aichach e. V.

Augsburg

Heimatverein für den Landkreis Augsburg e. V.

Historischer Verein für Schwaben

Verein für Augsburger Bistumsgeschichte e. V.

Blindheim

Heimatverein Blindheim

Bobingen

Schwäbisch-Bayerischer Heimatverein Bobingen e. V., "D'Hochsträßler"

Buchenberg

Heimatgeschichtlicher Verein Buchenberg e. V.

Buxheim

Heimatdienst Buxheim e. V.

Dillingen

Historischer Verein Dillingen an der Donau

Dirlewang

Heimatdienst Dirlewang e. V.

Donauwörth

Historischer Verein für Donauwörth und Umgebung e. V.

Füssen

Historischer Verein Alt Füssen e. V

Günzburg

Historischer Verein Günzburg e. V.

Hindelang

Heimatdienst Hindelang e. V.

Hohenaltheim

Verein Rieser Kulturtage e. V.

Illertissen

Verein für Heimatpflege Illertissen und Umgebung

Kaufbeuren

Heimatverein Kaufbeuren e. V.

Wilhelm Heinrich Riehl - Dr. Christian Frank - Gedächtnisstiftung

Kempten

Heimatverein Kempten e. V. im Heimatbund Allgäu e. V.

Krumbach

Heimatverein für den ehemaligen Landkreis Krumbach e. V.

Lindau

Museumsverein Lindau e. V.

Memmingen

Verein Heimatpflege Memmingen e. V.

Neu-Ulm

Historischer Verein Neu-Ulm

Obergünzburg

Heimatlergemeinde Obergünzburg

Oberstaufen

Heimatdienst Oberstaufen e. V.

Oettingen
Heimatverein Oettingen e. V.
Schiltberg
Hofberg-Freilichttheater-Verein Schiltberg e. V.
Sonthofen
Heimatdienst Sonthofen e. V.
Landsmannschaft Schlesien, Ortsverband Sonthofen
Thannhausen
Heimatverein Thannhausen e. V.
Wasserburg (B)
Museum im Malhaus e. V.
Weiler i. Allgäu
Westallgäuer Heimatverein e. V., Weiler im Allgäu
Weißenhorn
Förderkreis der Archäologischen Sammlung der Stadt Weißenhorn
Heimat- und Museumsverein Weißenhorn 1908 e. V.

Thüringen

Kloster Veßra
Hennebergisch-Fränkischer Geschichtsverein